RAKOTOMAHENINA Nary Todison

Les 7 essentiels "COMMENT..." de la vie chrétienne

AF548706

RAKOTOMAHENINA Nary Todison

Les 7 essentiels "COMMENT..." de la vie chrétienne

de la vie chrétienne

Éditions Croix du Salut

Imprint
Any brand names and product names mentioned in this book are subject to trademark, brand or patent protection and are trademarks or registered trademarks of their respective holders. The use of brand names, product names, common names, trade names, product descriptions etc. even without a particular marking in this work is in no way to be construed to mean that such names may be regarded as unrestricted in respect of trademark and brand protection legislation and could thus be used by anyone.

Cover image: www.ingimage.com

Publisher:
Éditions Croix du Salut
is a trademark of
Dodo Books Indian Ocean Ltd. and OmniScriptum S.R.L publishing group

120 High Road, East Finchley, London, N2 9ED, United Kingdom
Str. Armeneasca 28/1, office 1, Chisinau MD-2012, Republic of Moldova, Europe
Printed at: see last page
ISBN: 978-620-6-16843-0

Copyright © RAKOTOMAHENINA Nary Todison
Copyright © 2023 Dodo Books Indian Ocean Ltd. and OmniScriptum S.R.L publishing group

Les 7 essentiels

"COMMENT..."
de la vie chrétienne

RAKOTOMAHENINA Nary

Je dédie ce livre à mon épouse bien-aimée,

RAKOTOMAHENINA Haja Tiana, le plus beau et le plus précieux cadeau que Dieu m'ait donné.

Mais j'ai aussi écrit ce livre pour montrer la gloire de Jésus-Christ, mon unique Seigneur et Sauveur.

Je souhaite particulièrement que ce livre vous apporte bénédictions, chers lecteurs !

TABLE DES MATIERES

4ème Partie

5ème Partie

6ème Partie

7ème Partie

AVANT-PROPOS

Il y a de nombreux types de matières que les gens, en particulier les jeunes, devraient étudier lorsqu'ils veulent acquérir une connaissance. Pour que chacun puisse le faire et atteindre l'objectif qu'il souhaite, il doit effectuer diverses recherches, lire des livres qui enseignent sur le sujet qu'il souhaite étudier. Il prend les leçons qu'il a apprises dans sa vie, les garde toujours à l'esprit et les applique quand cela est nécessaire.

On peut dire que la vie avec Dieu est la même. Il y a différents types de sujets que Dieu veut que les gens apprennent et il a placé ces différents types de sujets dans la Bible.

Cette première édition du livre comprend quelques échantillons de ce qui sont considérés comme intéressant pour de nombreuses personnes, surtout les chrétiens, et cinq titres de sujets différents y seront présentés.

Cet enseignement a été présenté dans le cadre d'un séminaire de cinq jours, et selon les recommandations données par quelques personnes, il serait bon qu'il soit mis sous forme de livre afin que tout le monde puisse le lire.

1ère partie

Comment
RECONNAITRE LA VOLONTÉ
DE DIEU
?

"*Examinez toutes choses, retenez ce qui est bon*" (I Thessaloniciens 5 :21)

Ce qui est bon ?

Chaque être humain a sa propre vision en ce qui concerne ce qui est bon dans tous les aspects de la vie. Et chacun s'accroche à ce qu'il pense le mieux pour lui.

Mais Jésus-Christ a également révélé quelque chose qu'il a dit être bon.

Il a dit : "*Pourquoi m'appelles-tu bon ? Personne n'est bon sinon Dieu seul*" (Marc 10 :18 - Luc 18 :19)

Donc, si Dieu est bon, sa volonté l'est aussi.

Parcourons les Écritures car c'est là que nous trouverons ce bon Dieu.

INTRODUCTION

Comment pouvons-nous connaître la volonté de Dieu ?

C'est une question posée par de nombreuses personnes vivant dans l'Église chrétienne. Faut-il poser cette question ? Cela peut sembler étrange, mais c'est un fait et non pas peu de gens se posent cette question.

Mais à y regarder de plus près, les personnes qui posent cette question semblent clairement divisées en deux.

Premièrement, ceux qui se posent la question mais cela se reflète dans la façon dont ils posent la question que c'est quelque chose de difficile, il est, voire impossible de connaître la volonté de Dieu. Ou quelque chose qui n'est pas nécessaire parce que Dieu a donné aux gens la liberté de faire ce qu'ils pensent être juste.

Deuxièmement, les gens qui ont un profond désir de connaître la volonté de Dieu, à tel point que même la façon dont ils posent la question reflète leur désir le plus profond.

Alors qui que vous lisez, que ce soit dans la première ou la deuxième catégorie, il est déjà important que vous posiez cette question. Il exprime le désir, la soif de connaitre la vérité.

Alors ce livre vous guidera pour connaître le secret de la connaissance de la volonté de Dieu. Il est écrit pour vous guider à connaître Sa volonté dans tous les aspects de votre vie, mais même ainsi, on ne peut pas dire qu'il soit complet car vous avez également l'expérience de la vie que vous avez vécue. Ceux-ci se complètent pour combler vos désirs. Je veux que vous atteigniez vos objectifs. Jésus-Christ a dit : "*Heureux ceux qui ont faim et soif de justice, car ils seront rassasiés.*" (Matthieu 5: 6)

I. POURQUOI VOUDRAIS-JE CONNAÎTRE LA VRAIE VOLONTÉ DE DIEU ?

Il semble étrange, avons-nous dit au début, qu'une personne qui prie diligemment ne comprenne pas comment discerner la volonté du Dieu qu'elle adore. Mais d'un autre côté, ce n'est pas surprenant car ce que le diable essaie de faire, c'est de cacher cette volonté de Dieu aux personnes qui croient en Lui. Il utilise pour cela d'innombrables méthodes. Mais connaissons les raisons pour lesquelles de nombreux chrétiens sont intéressés à connaître la vraie volonté de Dieu.

Les gens disent généralement :

Parce que j'ai beaucoup de doutes sur ce que je dois faire. J'ai souvent deux pensées, je ne sais pas immédiatement quoi faire face à certains événements de la vie. J'ai une idée mais j'ai aussi des doutes. Est-ce que c'est la volonté de Dieu ou non que je fasse cela ! Je fais ce qui me convainc. J'essaie juste de confirmer que c'est juste ! Parfois, je parle aussi à des gens que je connais et je leur demande conseil. Mais cela ne résout pas vraiment le problème !

Parfois, on ne sait pas vraiment quoi faire. Alors on s'arrête un peu. On ne peut pas bouger ! On a peur de faire n'importe quoi, surtout si la tâche est importante.

Souvent, de nombreuses situations se produisent devant soi. Quelle décision faut-il prendre ? Qu'est-ce qui est juste ? Mais le plus intriguant c'est d'entendre les différents enseignements qui nous encouragent à connaitre la volonté de Dieu. Et c'est là que vient à l'esprit la grande question : Comment connaître cette volonté de Dieu ? Comment puis-je être sûr que Dieu approuve ou non que je fasse ceci ou cela ? Que pense vraiment Dieu de ce que je fais ?

Vous voyez des gens faire des choses autour de vous, même dans l'église. Pas très convaincant mais ils le font et ça marche bien. Est-ce la volonté de Dieu ?

Bref, on vit avec tellement de doutes et d'incertitudes sur ce qu'il faut faire que même on aura peu d'espoir pour le résultat. L'esprit n'est pas vraiment convaincu qu'il se contente de ce qui a été fait et fait.

L'une des tactiques les plus efficaces du diable, comme mentionné précédemment, est le doute. Le résultat final de ce scepticisme est toujours la suspension du plan qu'on voulait réaliser. Et c'est ce que le diable veut.

En plus du scepticisme, le diable est également très actif pour essayer de persuader les gens de simplement imiter ce que font les autres. Tu regardes ce que font les autres, tu les vois apparemment ou vraiment réussir et es tenté de faire de même à ne plus se poser la question de savoir si c'est selon la volonté de Dieu ou non ?

J'ai l'impression que c'est ainsi que vivent de nombreux chrétiens. Mais le plus beau, c'est le désir profond de connaître la vraie volonté de Dieu pour pouvoir la suivre. Dieu voit votre amour pour connaître sa volonté. Il comblera vos désirs et vous guidera pour découvrir ce qui est caché dans son cœur.

II. QUELS SONT LES OBSTACLES À LA CONNAISSANCE DE LA VOLONTÉ DE DIEU ?

Rappelez-vous toujours que le diable n'est pas heureux d'entendre et de connaître votre désir. Il essaie de vous arrêter et de vous empêcher d'y arriver. Voici quelques obstacles à la connaissance de la volonté de Dieu :

A. Le péché:

Dieu ne peut pas faire face et écouter les personnes qui vivent dans le péché. Et il affirme clairement qu'il est très caché des personnes qui vivent dans le péché. Il dit dans Esaïe : "*Ce sont vos fautes qui vous séparent de votre Dieu. C'est à cause de vos péchés qu'Il s'est détourné loin de vous pour ne plus vous entendre.*" (Esaïe 59: 2).

Cette Parole de Dieu identifie clairement trois choses:

1- **Nos fautes** : la pièce qui sépare de Dieu est comme ces hauts murs derrière lesquels on ne peut pas voir ou ces clôtures de fer aux bords tranchants qui empêchent même d'approcher la zone de l'autre côté. Deux endroits qui ne peuvent jamais être reliés.

2- **Nos péchés qui nous cachent le visage de Dieu** : ce n'est pas tant l'œil littéral qui sera révélé, mais le cœur qui ne peut pas rencontrer Dieu car il est plein de péché. Ce cœur, lorsqu'il est accablé par le péché, devient terne, incapable d'entendre quoi que ce soit, même le plus brûlant ; l'Apôtre Paul a dit : "*Car alors qu'ils connaissent Dieu, ils ont refusé de lui rendre l'honneur que l'on doit à Dieu et de lui exprimer leu reconnaissance. Ils se sont égarés dans des raisonnements absurdes et leur pensée dépourvue d'intelligence s'est trouvée obscurcie"* (Romain 1 :21)

3- **Il n'écoute pas** : Dieu n'a même pas l'envie d'écouter quelqu'un qui reste dans le péché. Il a horreur de cet état pécheresse de l'homme.

Par conséquent, Dieu ne peut tolérer que l'on mélange le saint et le profane ou la sainteté et le péché. Nous devons être purs devant lui, des personnes qui se sont repenties et ont été pardonnées.

B. L'impiété

C'est le désir profond de Dieu que nous restions saints, comme Il l'a dit : "Car *voici ce que Dieu dit dans l''Ecriture : Soyez saints, car je suis saint.*" (Lév. 11 :44 - I Pierre 1 :16)

Quelles sont les conséquences de ne pas demeurer dans la sainteté ? On ne peut pas voir Dieu car l'Écriture dit : "*Faites tous vos efforts pour être en paix avec tout le monde et pour mener une vie de plus en plus sainte, sans laquelle nul ne verra le Seigneur."* (Hébreux 12 : 14b).

Les gens qui ont été pardonnés à cause de leur repentance avec un cœur brisé ont été justifiés par Dieu et Il les a scellés du Saint-Esprit. Ephésiens 1 :13 dit : "*En lui vous aussi, après avoir entendu la parole de la vérité, l'Évangile de votre salut, en lui vous avez cru et vous avez été scellés du Saint Esprit qui avait été promis."*

C'est par la foi que le sceau du Saint-Esprit est obtenu, et vivre en obéissant à la Parole de Dieu est le moyen de croître en sainteté. Dieu est si heureux que son peuple soit toujours rempli de l'Esprit. Il a dit : "*Ne vous enivrez pas de vin, car il y a là de la complaisance pour le mal, mais soyez remplis de l'Esprit."* (Ephésiens 5 :18).

Ainsi, nous qui croyons, nous devons toujours croître en sainteté.

C. Communion avec le mal

Il y a des gens qui vont à l'église tout le temps, font de nombreux ministères, assument diverses responsabilités mais restent aussi dans les péchés tels que la fornication, l'alcool, la jalousie, la promiscuité, les conflits… Qu'est-ce qui cause tout cela ? Parce qu'il n'avait pas encore pris une décision complète pour Jésus. Elle est toujours occupée avec un pied dans l'église et l'autre dans le monde. Cependant, Dieu n'approuve pas ce mélange de mauvaises choses et si les gens adorent de cette façon, alors il a dit : "*Cessez d'apporter de vaines offrandes : J'ai en horreur l'encens, Les nouvelles lunes, les sabbats et les assemblées ; Je ne puis voir le crime s'associer aux solennités. Mon âme hait vos nouvelles lunes et vos fêtes ; Elles me sont à charge ; Je suis las de les supporter. Quand vous étendez vos mains, je détourne de vous mes yeux ; Quand vous multipliez les prières, je n'écoute pas : Vos mains sont pleines de sang*" (Esaïe 1 : 13-15).

Dieu se lamente et se plaint dans ces paroles. Cela me pèse lourdement, dit-il. Pouvez-vous imaginer Dieu lui-même se plaignant, disant qu'il ne pourrait pas supporter ce que nous faisons parce que c'est trop lourd pour lui ? Son plaidoyer est le suivant : détourne-toi de tout mal et viens à moi.

La présence du mal dans nos vies montre que nous vivons encore comme le monde. C'est ce qui est dit dans I Corinthiens 3 :3 : "*En effet, puisqu'il y a parmi vous de la jalousie et des disputes, n'êtes-vous pas charnels, et ne marchez-vous pas selon l'homme ?*"

Mais le vrai danger est ce que Jésus a dit dans Matthieu 7 : 21-23 : "*Ceux qui me disent : Seigneur, Seigneur ! N'entrerons pas tous dans le royaume des cieux, mais celui-là seul qui fait la volonté de mon Père qui est dans les cieux. Plusieurs me diront en ce jour-là : Seigneur, Seigneur, n'avons-nous pas prophétisé par ton nom ? N'avons-nous pas chassé des démons par ton nom ? Et n'avons-nous pas fait beaucoup de miracles par ton nom ? Alors je leur dirai ouvertement : Je ne vous ai jamais connus, retirez-vous de moi, vous qui commettez l'iniquité.*"

De telles personnes n'ont aucune place dans le royaume de Dieu, car elles sont encore loin de connaître sa volonté.

D. Manque d'humilité

L'humilité est un état d'esprit que Jésus-Christ a personnellement enseigné. Il l'a enseigné à ses disciples (Matthieu 18) et Il veut que vous et moi le vivions encore aujourd'hui. Il est difficile pour une personne qui n'a pas d'humilité de connaître la volonté de Dieu. Si elle fait quelque chose et même si elle y réussit, elle sera elle-même orgueilleuse et ne rendra jamais gloire à Dieu. Elle le fera même pour le spectacle. Jésus-Christ déclare qu'une telle personne a déjà reçu sa récompense : "*Lorsque vous priez, ne soyez pas comme les hypocrites, qui aiment à prier debout dans les synagogues et aux coins des rues, pour être vus des hommes. Je vous le dis en vérité, ils reçoivent leur récompense.*" (Matthieu 6 : 5)

Mais nous ne serons pas comme ça. Alors pour que Dieu vous exalte, humiliez-vous devant Lui : "*Humiliez-vous devant le Seigneur, et il vous élèvera.*" (Jacques 4 :10 - 1 Pierre 5 : 6)

L'humilité est une marque d'identification de ceux qui se sont vraiment repentis. Parce que la repentance est une reconnaissance devant Dieu de tout acte répréhensible, du péché. Cette confession du péché est le début de l'humilité. Ceux qui s'humilient devant Dieu peuvent aussi s'humilier devant les hommes.

La personne humble s'incline avec révérence devant Dieu, mais Dieu se lève et appelle la personne à venir à lui. "*Humiliez-vous donc sous la puissante main de Dieu, afin qu'il vous élève au temps convenable.*" (I Pierre 5 :6)

E. Ne pas avoir une communion avec Jésus

Jésus-Christ a dit : "*Demeurez en moi, et je demeurerai en vous. Comme le sarment ne peut de lui-même porter du fruit, s'il ne demeure attaché au cep, ainsi vous ne le pouvez non plus, si vous ne demeurez en moi. Je suis le cep, vous êtes les sarments. Celui qui demeure en moi et en qui je demeure porte beaucoup de fruit, car sans moi vous ne pouvez rien faire.*" (Jean 15 : 4-5).

On ne peut jamais connaître la volonté de Dieu sans être uni à Jésus, car Jésus-Christ a été envoyé par Dieu pour nous révéler toute Sa volonté. C'est aux amis de Jésus qu'il révèle la volonté de Dieu.

"*Je ne vous appelle plus serviteurs, parce que le serviteur ne sait pas ce que fait son maître ; mais je vous ai appelés amis, parce que je vous ai fait connaître tout ce que j'ai appris de mon Père.*" (Jean 15 :15).

Jésus veut que nous ayons une relation simple, pure et profonde avec Lui. C'est comme deux amis inséparables, qui se connaissent bien, capables d'exprimer à l'autre leur cœur ce qui les rend heureux et ce qui les pèse aussi. Mais une relation avec Jésus-Christ est bien plus que cela, car il peut nous aider dans tous les aspects de la vie, quoi qu'il arrive.

Où peut-on trouver un meilleur ami comme cela ?

F. Positionnement dans la chair

Les gens qui accordent encore trop d'importance à l'esprit humain, ne s'appuient pas sur Dieu, c'est-à-dire manquent de prière et de relation avec Dieu à travers la lecture de Sa Parole, auront encore du mal à comprendre la volonté de Dieu.

Ces types de personnes, qui ne sont autres que des chrétiens, sont toujours préoccupés par un travail qui semble n'être qu'un geste extérieur.

Ne cherchant pas la gloire de Dieu, mais la leur, ou celle de l'organisation ou de l'église. La caractéristique permettant de les reconnaître est qu'elles ne sont pas encore dans l'abnégation complète mais toujours querelleurs, controversés et se rejettent la responsabilité. Il s'agit d'une personne qui n'a pas encore été véritablement dirigée par le Saint-Esprit de Dieu. Il est encore difficile pour un soi-disant chrétien charnel de voir et de comprendre réellement la volonté de Dieu. Voici ce que disent les Ecritures : "*Or ceux qui vivent selon la chair ne sauraient plaire à Dieu.*" (Romains 8 : 8)

III. QU'ENTEND-ON PAR VOLONTÉ DE DIEU ?

Quatre points principaux peuvent être déduits de ce que les Écritures disent de la volonté de Dieu :

1. La volonté de Dieu exprimant son désir

Quel est le plus profond désir de Dieu pour tout le monde ? Pour qu'ils soient sauvés et ne périssent pas : "*Cela est bon et agréable devant Dieu notre Sauveur qui veut que tous les hommes soient sauvés et parviennent à la connaissance de la vérité.*" (I Timothée 2 : 3-4).

"Le Seigneur ne tarde pas dans l'accomplissement de la promesse, comme quelques-uns le croient ; mais il use de patience envers vous, ne voulant pas qu'aucun périsse, mais voulant que tous arrivent à la repentance." (II Pierre 3 : 9)

Pensez simplement au dessein clair de Dieu. Il veut que tout le monde soit sauvé. Quand on regarde les gens dans la société au quotidien, on a du mal à imaginer combien parmi ces nombreuses personnes que vous rencontrez pensent qu'il y a une vie au-delà de cette vie, dans laquelle il faut vraiment s'efforcer d'entrer ?

Mais beaucoup travaillent et se battent, rampant d'avant en arrière à la recherche d'un moyen de survivre pendant seulement quatre-vingts ans dans cette vie ! Sont-ils sûrs de leur salut s'ils partent d'ici ? Le savent-ils déjà ? Et même si beaucoup de gens vont à l'église, en sont-ils vraiment convaincus ?

C'est pourquoi Dieu retarde le jour où Jésus-Christ reviendra pour juger toutes les nations. Il attend que tout le monde se repente. Pas seulement la plupart des gens ou certaines personnes, mais TOUS LES GENS, connaîtront la vérité et viendront tous à la repentance.

C'est le désir le plus profond de Dieu ! C'est incroyable de penser à l'amour de Dieu pour les gens !

2. La volonté de Dieu révélée dans sa loi

Dieu veut que l'humanité marche dans la vérité et la droiture, c'est pourquoi Il a donné diverses lois et commandements afin qu'elle puisse marcher selon sa volonté.

Le roi David voulait suivre la volonté de Dieu et obéir à sa loi, alors il a dit : *"Je veux faire ta volonté, mon Dieu ! Et ta loi est au fond de mon cœur.*" (Psaumes 40 :8).

David aimait particulièrement la loi de Dieu, qui n'est autre que la Parole de Dieu. Presque tous les psalmistes ont expérimenté la beauté de la loi de Dieu. Parmi eux se trouve l'auteur du Psaumes 119, qui a dit : *"Combien j'aime ta loi ! Elle est tout le jour l'objet de ma méditation. Tes commandements me rendent plus sage que mes ennemis, Car je les ai toujours avec moi."* (Psaumes 119 : 97-98).

À ce jour, Il nous montre la beauté de Sa Parole. C'est l'amour de Dieu pour nous qu'il nous a donné sa loi pour que nous marchions selon sa volonté !

3. C'est la volonté de Dieu de permettre aux gens d'être libres de choisir

Depuis le début, Dieu a permis aux hommes d'être libres dans leurs choix. Hélas, les humains ont toujours choisi le mal ! L'être humain est mauvais depuis longtemps et tout ce qu'il planifie est mauvais. *"L'Éternel vit que la méchanceté des hommes était grande sur la terre, et que toutes les pensées de leur cœur se portaient chaque jour uniquement vers le mal."* (Genèse 6 : 5). - *"Car tous ont péché et sont privés de la gloire de Dieu."* (Romains 3 :23)

Une grande partie de ce qui se passe aujourd'hui est contre la volonté de Dieu. Toutes ces choses qui vont à l'encontre du dessein et des désirs de Dieu seront appelées péché. Mais même si on montrait la lumière aux gens, ils préfèrent choisir l'obscurité car c'est ce qui leur plaît. Mais cela a amené la condamnation pour eux.

"Et ce jugement c'est que, la lumière étant venue dans le monde, les hommes ont préféré les ténèbres à la lumière, parce que leurs œuvres étaient mauvaises." (Jean 3 :19).

4. La volonté de Dieu d'enseigner, de persuader et de corriger ce qui ne va pas dans la vie des gens

N'est-il pas d'usage que les parents enseignent et conseillent leurs enfants sur ce qu'ils doivent faire ? Ils s'en préoccupent et prennent du temps pour cela. La raison en est que leurs enfants puissent avoir une vie paisible et bonne, surtout lorsqu'ils grandissent. Ainsi, même lorsque les enfants sont rebelles, les parents qui aiment vraiment leurs enfants ne cessent jamais de les enseigner et de les discipliner. Dieu est tellement plus que cela.

Ainsi, même si les gens se sont accrochés au péché et se sont éloignés de Dieu, Dieu prend soin de faire connaître sa volonté à l'homme.

Il a envoyé des hommes pour apporter son message d'amour, son enseignement, afin que les hommes puissent connaître la vérité et être sauvés. Non seulement pour l'enseignement mais aussi pour la persuasion et la correction des actes répréhensibles et surtout pour éduquer les gens à défendre la vérité. Ceci est clairement indiqué dans les Écritures : *"Toute Écriture est inspirée de Dieu, et utile pour enseigner, pour convaincre, pour corriger, pour instruire dans la justice, afin que l'homme de Dieu soit accompli et propre à toute bonne œuvre."* (II Tim. 3 :16-17).

Regardez comme Dieu se préoccupe de nous, êtres humains, tels que décrits dans Timothée ! Il veut renouveler notre identité même d'être humain :

- Il dirige notre pensée dans l'enseignement.
- Il nous persuade par sa propre volonté.
- Il corrige nos mauvaises habitudes.

Et Il veut que toutes nos vies soient dans la droiture afin qu'elle devienne notre mode de vie au quotidien.

Dieu est amour et Il ne cesse d'enseigner et de guider, mais il respecte toujours le choix de chacun.

IV. QUELLE EST L'IMPORTANCE DE LA VOLONTÉ DE DIEU ?

Il a été souligné au début qu'il y a au moins trois éléments qui constituent l'essence de la volonté de Dieu : Elle est bonne, acceptable et juste.

1. Bonne

Pourquoi dit-on qu'elle est bonne ? Parce que c'est la volonté de Dieu, qu'Il révèle et déploie pleinement dans sa Parole, les Écritures révèlent l'amour le plus grand et le plus précieux qu'on ne puisse trouver où que ce soit, dans lequel Dieu a librement donné son Fils pour expier tous les hommes qui ont péché. Fils de Dieu, Jésus-Christ, a donné sa vie, sacrifiée une fois pour toutes pour ôter les péchés de tous ceux qui croient en Lui. Il n'y a jamais eu de meilleur cadeau dans l'histoire de l'humanité et il n'y en aura jamais. C'était la volonté pure de Dieu de donner son Fils pour qu'il meure pour nos péchés !

"Mais Dieu recommande son amour envers nous, en ce que, alors que nous étions encore pécheurs, Christ est mort pour nous." (Romains 5 : 8)

2. Acceptable

C'est complètement dans le cœur de Dieu, son but profond de donner la vie à l'homme. Il a clairement indiqué qu'Il ne veut pas que quelqu'un se perde mais qu'il vienne à la repentance. Il ne veut pas que les gens meurent, même les méchants, mais qu'ils se détournent de leurs mauvaises voies et vivent : *"Le Seigneur n'est pas négligent concernant sa promesse, comme certains hommes considèrent le relâchement ; car il est patient avec vous, ne voulant pas qu'aucun périsse, mais que tous arrivent à la repentance."* (II Pierre 3 : 9)

3. Juste

La vérité ne se trouve qu'en Dieu. Lui seul a raison. Lui seul est parfait, sans défaut. Il est le seul vrai Dieu et Il est dans le Christ, son Fils. Jésus-Christ est celui qui nous a permis de connaître le Père qui est le vrai Dieu. *"Et nous savons que le Fils de Dieu est venu, et nous a donné l'intelligence, afin que nous connaissions celui qui est vrai, et que nous sommes en lui qui est vrai, même en son Fils Jésus-Christ. Il est le vrai Dieu et la vie éternelle."* (I Jean 5 :20).

Si telle est la nature de la volonté de Dieu telle qu'elle est révélée dans sa Parole, alors comment peut-on la reconnaitre ?

V. COMMENT RECONNAITRE LA VOLONTÉ DE DIEU ?

Probablement, celle-ci est la principale question à laquelle vous attendez une réponse pour vous aider à vivre plus près de Dieu tout au long de votre avenir.

Partons d'une petite histoire pour répondre à cette grande question : “Zo et Tiana sont amis depuis longtemps. Ils jouaient ensemble quand ils étaient enfants, étudiaient ensemble et travaillaient encore ensemble à l'âge adulte. Les deux ne s'oublient jamais. Quels sont les résultats de cette longue relation ? On pourrait dire qu'ils s'entendent très bien. Alors même si l'un ne dit pas un mot, dès que son ami le regarde, il sait ce qui se passe, s'il est heureux, triste ou frustré.”

La même chose peut se produire dans la relation avec Dieu. Une personne qui a l'habitude de communiquer avec Dieu le connaît et connaît sa volonté. Elle sait ce que Dieu approuve et ce qu'il n'aime pas vraiment, et il a peur de pratiquer ce que Dieu désapprouve.

C'est la crainte du Seigneur. Ne pas oser faire ce qui est mal, ce qui ne Lui convient pas. La crainte de Dieu est le résultat de la nouvelle naissance que l'on a personnellement expérimentée. Ainsi, les personnes qui sont nées de nouveau grandissent dans la connaissance de Dieu en lisant constamment Sa Parole.

A. Quelles sont donc les étapes de la vie d'une personne née de nouveau ?

1. <u>Transformation par le renouvellement de la pensée</u>

Ayant pris la décision complète de quitter les voies du monde et d'entrer dans la voie de la vie selon Dieu, ce n'est pas une personne qui utilise les faits et les événements de la vie comme un exemple à imiter et à suivre, mais qui se pose toujours la question : Est-ce que cela est juste devant mon Dieu ?

“Et ne vous laissez pas modeler par le monde actuel, mais laissez-vous transformer par le renouvellement de votre pensée, pour pouvoir discerner la volonté de Dieu : ce qui est bon, ce qui Lui plaît, ce qui est parfait.” (Romains 12 : 2).

Il cherche toujours à comprendre ce que Dieu veut qu'il fasse et n'insiste pas sur ce qui le convainc car les Écritures affirment clairement que les pensées de Dieu et celles de l'homme sont très éloignées et complètement différentes :

“Car vos pensées ne sont pas mes pensées, et vos voies ne sont pas mes voies, déclare l'Eternel ; autant le ciel est élevé au-dessus de la terre, autant mes voies sont élevées au-dessus de vos voies et autant mes pensées sont élevées au-dessus des vôtres.” (Isaïe 55 : 8-9).

Ce changement d'état d'esprit est le premier moyen d'entrer dans le monde de Dieu et de communiquer avec Lui facilement. Et une relation avec Lui déterminera souvent Sa volonté.

Une nouvelle façon de penser créera une nouvelle façon de vivre.

---

2. <u>Appréciation de la Parole de Dieu</u>

Ainsi, les gens qui sont entrés dans le monde de Dieu, ceux qui ont une nouvelle façon de penser goûtent et prennent plaisir à la Parole de Dieu, et Dieu leur parle et les enseigne à travers Sa Parole.

"Par tes ordonnances je deviens intelligent, Aussi je hais toute voie de mensonge." (Psaumes 119 : 104).

"Combien j'aime ta loi ! Elle est tout le jour l'objet de ma méditation." (Psaumes 119 : 97)

La Parole de Dieu est une lettre d'amour à un être cher, évidemment que ce dernier veuille toujours la lire.

C'est le moyen de connaître la volonté de Dieu. C'est la relation entre moi et Dieu comme des amis inséparables

Ainsi, plus vous étudiez la Parole de Dieu, plus vous saurez ce qu'il y a dans son cœur. C'est la barrière qui vous empêche de tomber dans la tentation de faire ce qui vous convainc ou juste prendre un moule de l'extérieur.

J'aime la Parole de Dieu, elle définit ma vie.

---

3. <u>Gagner la foi par Sa Parole</u>

Comme nous l'avons déjà dit, le doute est le principal outil du diable afin que les gens ne connaissent pas la volonté de Dieu. La signification du doute est le manque de confiance en soi et son contraire est la foi. Les gens de vraie foi se tiennent audacieusement, avec des convictions inébranlables. Ainsi, peu importe ce qui se passe et quiconque tente de les arrêter dans leur élan, cela ne dissuade pas les croyants. C'est pourquoi Paul dit hardiment :

"Qui nous séparera de l'amour de Christ ? Sera-ce la tribulation, ou l'angoisse, ou la persécution, ou la faim, ou la nudité, ou le péril, ou l'épée ? Selon qu'il est écrit : C'est à cause de toi qu'on nous met à mort tout le jour, Qu'on nous regarde comme des brebis destinées à la boucherie. Mais dans toutes ces choses nous sommes plus que vainqueurs par celui qui nous a aimés." (Romains 8 :35, 37).

Gagner face à tous les défis énumérés ci-dessus. Oser se lever et ne jamais reculer, au péril de sa vie. C'est le pouvoir de la foi.

Mais d'où vient la foi ?

Paul dit dans Romains 10 :17 : *"Ainsi la foi vient de ce qu'on entend, et ce qu'on entend vient de la parole de Christ."*

Lorsque la Parole de Dieu est prononcée, elle crée la foi de ceux qui l'entendent. Et c'est la foi qui a été reçue qui élimine toutes sortes de doutes, toutes sortes d'insécurités quand on fait quelque chose. C'est la Parole de Dieu qui transforme les hommes et les enracine profondément dans la foi.

C'est la Parole de Dieu qui établit la foi et la renforce.

---

4. Convaincu par Sa Parole

La conviction est le résultat de la foi et la foi est le fruit de la conviction à cause de la Parole de Dieu. La Parole de Dieu m'a été révélée, je suis convaincu et je crois que ce qu'elle dit est vraie et certain. Ainsi, je la lis assidûment pour apprendre et grandir dans la connaissance de Sa volonté.

La Parole de Dieu a été écrite pour enseigner les gens. Il est écrit dans Romains 15 : 4 : *"Or, tout ce qui a été écrit d'avance l'a été pour notre instruction, afin que, par la patience, et par la consolation que donnent les Écritures, nous possédions l'espérance"*. Par conséquent, c'est la Parole de Dieu qui détermine le chemin que Dieu veut que chacun prenne sans exception.

Mais la Parole de Dieu a également été écrite principalement pour convaincre les gens, comme mentionné précédemment. Les gens qui sont convaincus de la Parole de Dieu ne cesseront jamais de chercher Sa volonté dans cette Parole. Pour rappel : *"Toute Écriture est inspirée de Dieu, et utile pour enseigner, pour convaincre, pour corriger, pour instruire dans la justice."* (II Timothée 3 :16).

La conviction est un produit de la foi et la foi est le fruit de la conviction.

---

5. Etudiez Sa Parole

Parce que les gens craignant Dieu aiment et apprécient la Parole de Dieu, ils sont impatients de l'étudier. C'est là que Dieu leur dira la vérité et le chemin qu'ils doivent prendre. Le chemin auquel les gens pensent et dont ils sont convaincus les conduit souvent dans la mauvaise direction et ils se perdent. Il est dit dans les Proverbes et répété deux fois : *"Telle voie paraît droite à un homme, mais son issue, c'est la voie de la mort. "* (Proverbes 14 :12 et 16 :25)

C'est le résultat d'une mentalité différente. C'est la mentalité du monde qui ne pense qu'aux choses étroites de la terre comparée aux pensées de Dieu qui visent la vie du ciel. C'est ce que ceux qui ont déjà la foi enracinée en eux sont invités à rechercher. *"Si donc vous êtes ressuscités avec Christ, cherchez les choses d'en haut, où Christ est assis à la droite de Dieu.*

Affectionnez-vous aux choses d'en haut, et non à celles qui sont sur la terre." (Colossiens 3 : 1-2)

Mais ce que dit Esaïe met en évidence la différence totale entre le point de vue des hommes et celui de Dieu, en raison de la grande distance qui les sépare : *"Car vos pensées ne sont pas mes pensées, et vos voies ne sont pas mes voies, déclare l'Eternel ; autant le ciel est élevé au-dessus de la terre, autant mes voies sont élevées au-dessus de vos voies, et autant mes pensées sont élevées au-dessus des vôtres."* (Esaïe 55, 8-9)

L'étude de la Parole de Dieu nourrit, transforme et améliore également l'attachement des gens à Dieu. " *Ces Juifs avaient des sentiments plus nobles que ceux de Thessalonique ; ils reçurent la parole avec beaucoup d'empressement, et ils examinaient chaque jour les Écritures, pour voir si ce qu'on leur disait était exact."* (Actes 17 :11).

Nous devons étudier les Écritures quotidiennement comme ça !

Le chemin que je trace mène à la perdition !

La voie montrée par la Parole de Dieu donne la vie !

C'est tout ce que je vais rechercher.

---

6. <u>Croire en Dieu</u>

De nombreuses personnes prétendent croire en Dieu mais n'en montrent aucune preuve évidente dans leur vie. Qu'est-ce que cela signifie de croire en Dieu ? La foi signifie obéissance, c'est-à-dire accepter tout ce que Dieu dit, même si c'est incompatible avec ce dont nous convainc et ce que nous considérons comme vrai. Et toujours penser et être convaincu que Dieu est là, il est partout où nous sommes, dans tout ce que nous faisons.

Et Il nous récompensera toujours pour ce que nous faisons. Il récompense ceux qui le cherchent diligemment : *"Or sans la foi il est impossible de lui être agréable ; car il faut que celui qui s'approche de Dieu croie que Dieu existe, et qu'il est le rémunérateur de ceux qui le cherchent"* (Hébreux 11 : 6), c'est-à-dire que Dieu est toujours là, Il répond, aide, veille, conseille, comme il le déclare dans les Psaumess : *"Je t'instruirai et te montrerai la voie que tu dois suivre ; Je te conseillerai, j'aurai le regard sur toi."* (Psaumes 32 : 8)

7. <u>Vivre dans la sainteté</u>

C'est une qualité que Dieu exige de ceux qui croient en Lui de vivre dans la sainteté. Parce qu'il est saint, Il ne peut pas habiter avec les impies, et les impies ne le verront pas.

Il disait toujours : *"Recherchez la paix avec tous, et la sanctification, sans laquelle personne ne verra le Seigneur."* (Hébreux 12 :14)

La sainteté signifie l'abandon de tout mal, comme une personne qui a souillé son corps et qui est allée se doucher, s'est lavée tout le corps, a appliqué du savon parfumé et ne revient plus jamais à l'impureté.

Mais la sainteté est une abstinence complète de tout mal, un état de cœur purifié devant Dieu. C'est ce que dit le Psalmiste : "*Qui pourra monter à la montagne de l'Éternel ? Qui s'élèvera jusqu'à son lieu saint ? - Celui qui a les mains innocentes et le cœur pur ; Celui qui ne livre pas son âme au mensonge, Et qui ne jure pas pour tromper.*" (Psaumes 24 : 3-4).

Et on peut aussi dire que la sainteté est la pureté absolue du coeur, ce que Jésus a déclaré lorsqu'il a enseigné au peuple : « Heureux ceux qui ont le cœur pur, car ils verront Dieu ! " (Matthieu 5 : 8) car, comme le disent les Écritures, "*Car c'est du dedans, c'est du cœur des hommes, que sortent les mauvaises pensées, les adultères, les impudicités, les meurtres, les vols, les cupidités, les méchancetés, la fraude, le dérèglement, le regard envieux, la calomnie, l'orgueil, la folie.*" (Marc 7 : 21-22)

La sainteté, en un mot, est un engagement envers la pureté absolue, l'abstinence de tout mal, même de la plus petite tache. Cette humeur plaît à Dieu et Il est heureux de pouvoir vivre et apparaître à ceux qui croient en Lui.

8. Demandez à Dieu

Quand on pense à la sainteté, à la pureté absolue, à l'abstinence de tout mal, on se demande : est-ce que cela peut être fait par le pouvoir humain aujourd'hui ? Absolument pas, en ce qui concerne le pouvoir humain parce que l'ennemi Satan nous trompe toujours. Mais la personne née de nouveau a le Saint-Esprit, a été adoptée par Dieu et a parfaitement le droit de demander sa puissance en toutes choses, et Dieu la protège. À son sujet, il est dit : "*et tout ce que vous demanderez en mon nom, je le ferai, afin que le Père soit glorifié dans le Fils. Si vous demandez quelque chose en mon nom, je le ferai.*" (Jean 14 : 13-14)

9. Invoquer Dieu

En tant qu'enfants qui croient en Dieu, nous pouvons l'invoquer, comme nous appelons le Père ou la Mère qui nous a mis au monde. Le psalmiste le dit ainsi : "*L'Éternel est près de tous ceux qui l'invoquent, De tous ceux qui l'invoquent avec sincérité*" (Psaumes 145 : 18). Il veut dire que quand on veut vraiment voir Dieu, on peut l'invoquer et il répond toujours et s'approche de celui qui l'invoque. C'est le Dieu auquel nous croyons, le Dieu de l'amour, plus grand que tous les dieux et tous les hommes.

B. En face de tout cela que fait dieu ?

1. Il encourage et appelle

Lui-même appelle et attire les gens à Lui. "*Nul ne peut venir à moi, si le Père qui m'a envoyé ne l'attire*" (Jean 6 : 44a). En fait, Dieu appelle et attire tout le monde, mais il y a ceux qui répondent à l'appel et viennent, mais beaucoup s'en moquent.

2. **Nous sommes amis de Jésus**

L'une des plus belles paroles que Jésus a prononcées à ses disciples était : "*Je ne vous appelle plus serviteurs, parce qu'un serviteur n'est pas mis au courant des affaires de son maître. Je vous appelle mes amis, parce que je vous ai fait part de tout ce que j'ai appris de mon Père.*" (Jean 15 :15).

Ainsi, comme tous les amis, surtout ceux qui sont inséparables, on peut se confier l'un à l'autre, partageant le bien et le mal. Mais Jésus est un ami un peu différent, Il est à la fois homme et Dieu, un ami qui peut résoudre tous les problèmes, un ami qui ne se moque jamais, un ami qui est prêt à nous aider en toute circonstance et à tout moment.

3. **Jésus est le seul chemin**

Pour s'assurer que nous, les croyants, ne nous égarons pas, Jésus a clairement énoncé la vérité et a dit : "*Je suis le chemin, la vérité et la vie : nul ne vient au Père que par moi*" (Jean 14 : 6). Cela nous aide alors à nous appuyer et à faire entièrement confiance à ce Jésus qui est à la fois notre ami et le seul Dieu sûr de donner la vraie vie. Les gens cherchent des moyens de se rendre heureux, mais la plupart d'entre eux n'y parviennent pas parce qu'ils sont sur la mauvaise voie.

Mais nous savons que le bon chemin est Jésus-Christ qui nous donne tout ce dont nous avons besoin, non seulement dans notre vie quotidienne mais aussi pour l'avenir, Il a préparé pour nous, quelque chose que nous ne connaissons même pas encore. "*Mais, comme il est écrit, ce sont des choses que l'œil n'a point vues, que l'oreille n'a point entendues, et qui ne sont point montées au cœur de l'homme, des choses que Dieu a préparées pour ceux qui l'aiment.*" (I Corinthiens 2 : 9)

Personne ne peut nous sauver de nos péchés, nous autres êtres humains, sauf Jésus et Lui seul peut nous amener dans la maison du Père. "*Christ aussi a souffert une fois pour les péchés, lui juste pour des injustes, afin de nous amener à Dieu, ayant été mis à mort quant à la chair, mais ayant été rendu vivant quant à l'Esprit.*" (I Pierre 3 :18).

4. **L'Esprit Saint nous conduit au Père**

L'apôtre Paul a écrit : "*car par lui nous avons les uns et les autres accès auprès du Père, dans un même Esprit.*" (Éphésiens 2 :18).

Dieu le Père, Jésus-Christ et le Saint-Esprit ont tous leur rôle à jouer pour prendre soin de nous qui croyons. Tout ce que nous avons à faire est de croire, d'obéir et de suivre avec simplicité de cœur partout où Dieu nous conduira.

C. Promesses a ceux qui viennent a dieu

1. Voir Dieu

Quiconque veut voir Dieu peut le voir. Il s'agit d'une promesse qu'il a faite aux enfants d'Israël il y a longtemps : "*C'est de là aussi que tu chercheras l'Éternel, ton Dieu, et que tu le trouveras, si tu le cherches de tout ton cœur et de toute ton âme*" (Deutéronome 4 :29). Et comme Jésus l'a déclaré dans son enseignement au peuple que les cœurs purs verront Dieu : "*Heureux ceux dont le cœur est pur, car ils verront Dieu.*" (Matthieu 5 : 8)

2. Dieu les écoute

Celui qui met sa confiance en Dieu et crie vers lui est entendu et verra ses prières exaucées. C'est ce qui s'est passé pendant le règne de Joachaz sur Israël : "*Joachaz implora l'Éternel. L'Éternel l'exauça, car il vit l'oppression sous laquelle le roi de Syrie tenait Israël.*" (II Rois 13 : 4).

Pour ceux d'entre nous qui portons déjà le nom de Dieu mais qui peuvent parfois encore tomber dans le péché ou s'éloigner de Lui, nous devons demander pardon, nous repentir et venir à Lui en toute humilité, et Il nous entendra : "*Si mon peuple sur qui est invoqué mon nom s'humilie, prie, et cherche ma face, et s'il se détourne de ses mauvaises voies, -je l'exaucerai des cieux, je lui pardonnerai son péché, et je guérirai son pays.*" (II Chroniques 7 : 14a).

En effet, Dieu a envoyé une douce parole à Jérémie pour les enfants d'Israël captifs à Babylone, en disant : "*Vous m'invoquerez, et vous partirez ; vous me prierez, et je vous exaucerai*" (Jérémie 29 :12).

3. Dieu pardonnera

C'est le plus grand attribut de la nature de Dieu. Ceux qui demandent pardon et se repentent auprès de Lui, car ils croient déjà en Lui, et en particulier ceux qui ne croient pas encore mais veulent venir à Lui, Il les accepte vraiment et pardonne leurs péchés. "*Car tu es bon, Seigneur, tu pardonnes, Tu es plein d'amour pour tous ceux qui t'invoquent*" (Psaumes 86 : 5). Le grand privilège que Dieu accorde à ceux qui se repentent vraiment n'est pas seulement le pardon pour ceux qui le demandent, mais aussi la guérison pour leur pays. C'est ce qui est dit aux II Chroniques 7 :14.

C'est la grande grâce disponible pour tous ceux qui viennent à Dieu et demandent sa miséricorde et son pardon.

4. Dieu fera alliance avec lui

Certains des serviteurs de Dieu dans le passé lui ont fait tellement confiance que Dieu a fait une alliance avec eux. Parmi eux, il y avait Abraham, le roi David. Et voici ce qu'il nous rappelle dans le livre d'Esaïe : "*Prêtez l'oreille, et venez à moi, Écoutez, et votre âme vivra : Je traiterai avec vous une alliance éternelle, Pour rendre durables mes faveurs envers David*" (Esaïe 55 :3).

5. **Dieu Lui-même révèle Sa volonté**

Mais le plus merveilleux est que Dieu considère ceux qui le craignent comme ses amis de confiance et que Dieu lui-même leur révèle sa volonté. Cela nous rappelle l'histoire de Sodome et Gomorrhe, où l'Eternel a dit : "*Cacherai-je à Abraham ce que je vais faire ?*" (Genèse 18 :17).

Puis Dieu révéla son dessein à Abraham afin qu'Abraham puisse plaider à Dieu pour que ces villes ne soient pas détruites s'il y avait quelques justes seulement là.

Ainsi, les Écritures sont simples sur la relation de Dieu avec ceux qui l'aiment : "*L'amitié de l'Éternel est pour ceux qui le craignent, Et son alliance leur donne instruction*" (Psaumes 25 :14). C'est ainsi que Dieu révèle son amitié à ceux qui le craignent.

Et Jésus-Christ a dit aussi : "*Je ne vous appelle plus serviteurs, parce que le serviteur ne sait pas ce que fait son maître ; mais je vous ai appelés amis, parce que je vous ai fait connaître tout ce que j'ai appris de mon Père.*" (Jean 15 :15).

Avez-vous personnellement le sentiment d'être un véritable ami de Jésus ? Comment est ta relation avec lui ? Mais à mon ami, dit Jésus, je déclarerai toutes choses, je rapporterai la conversation que j'ai eu avec mon Père.

Pour une réponse immédiate à la question qui est le titre de cette section : ce n'est pas tant que nous devons essayer de découvrir la volonté de Dieu, mais que Dieu lui-même nous la dira. Tout ce qui nous est demandé, c'est de croire, d'obéir et de le craindre.

Voulez-vous connaître la volonté de Dieu ? Soyez son ami et Il vous dira même ses secrets. Voici ce qui est dit à ce propos : "*Nous faisant connaître le mystère de sa volonté, selon le bienveillant dessein qu'il avait formé en lui-même.*" (Éphésiens 1 : 9).

Qu'est-ce que cela vous fait d'entendre que c'est le propre secret de Dieu qu'Il vous révèle ? N'êtes-vous pas excité d'entendre cela ? Le secret ici, c'est son dessein pour toute votre vie.

Dieu veut une relation simple, pure et vraie avec ceux qui croient en Lui. Dans le cas contraire, la volonté de Dieu ne sera jamais connue. Le Psaumes 18 : 25-26, surtout la dernière partie du verset 26 dit : "*Avec celui qui est bon tu te montres bon, Avec l'homme droit tu agis selon la droiture, Avec celui qui est pur tu te montres pur, Et avec le pervers tu agis selon sa perversité.*"

Quand je fais le bien, la bonté de mon Dieu m'apparaît

Je suis la vérité, je vois la justice de mon Dieu

Je m'imprègne de la propreté, je sens la pureté de mon Dieu

Alors personnellement je crie : J'aime mon Dieu ! Il me révèle sa volonté chaque jour !

VI. CONNAITRE MÊME LES PENSÉES LES PLUS PROFONDES DE DIEU

Qui peut savoir ce qu'il y a dans l'esprit de Dieu ? Probablement personne. Même ce qui a été mentionné plus tôt, Esaïe 55 :8-9, représente l'écart incompréhensible entre l'esprit des gens et celui de Dieu. Alors comment pouvons-nous dire que nous pouvons savoir ce qui est dans sa pensée ?

L'apôtre Paul est le seul dont on puisse dire qui a une union parfaite avec Jésus-Christ, ce qui l'a amené à dire avec audace : "*J'ai été crucifié avec Christ ; et si je vis, ce n'est plus moi qui vis, c'est Christ qui vit en moi*" (Galates 2 :20) et « *car Christ est ma vie, et la mort m'est un gain*" (Philippiens 1 :21). Tel est le sens que Paul donne à sa relation pleine et entière avec le Christ.

Mais ce qui ressort encore de sa relation avec Dieu et de sa connaissance de sa volonté, c'est ce qu'il déclare dans I Corinthiens 2 :16b, "*Or nous, nous avons la pensée de Christ.* " Paul demande auparavant : "*Car qui a connu la pensée du Seigneur* pour l'instruire" (I Corinthiens 2 :16a). Lui-même répond hardiment : "*Mais nous avons la pensée de Christ*"

Que pensez-vous personnellement de ces paroles de l'apôtre Paul ?

La conversion de Paul après sa rencontre personnelle avec Jésus-Christ était la seule raison pour laquelle il avait cette conviction et cette façon de penser. Il était convaincu que l'Esprit du Christ était en lui et que c'était cet Esprit qui l'enseignait et le guidait dans tout ce qu'il faisait afin qu'il puisse discerner même les pensées les plus profondes de Dieu. "*Dieu nous les a révélées par l'Esprit. Car l'Esprit sonde tout, même les profondeurs de Dieu*" (I Corinthiens 2 :10). La vie de Paul est un exemple vivant de sa relation avec Dieu.

Les fils imitent leur père.

Ceux qui croient en Dieu est comme Lui

VII. DIEU NOUS A DONNÉ LA SAGESSE

Mais il y a des moments où Dieu ne révèle pas ou même cache sa volonté. Rappelez-vous ce que Jésus a dit dans Matthieu 11 : 25-26 : "*Ce temps-là, Jésus prit la parole, et dit : Je te loue, Père, Seigneur du ciel et de la terre, de ce que tu as caché ces choses aux sages et aux intelligents, et de ce que tu les as révélées aux enfants. Oui, Père, je te loue de ce que tu l'as voulu ainsi*". Cela revient à ce qui a été dit précédemment, à savoir que ce n'est qu'aux personnes humbles que Dieu révèle sa volonté. Les personnes qui se croient sages et intelligentes ne demanderont jamais ce que Dieu pense. C'est pourquoi Dieu leur cache sa volonté. C'est aussi ce que dit le Psaumes 18 :26b : "*Et avec le pervers tu agis selon sa perversité »*, et il est écrit dans Proverbes 25 :2 que : "*La gloire de Dieu, c'est de tenir certaines choses cachées, la gloire du roi, c'est de s'enquérir soigneusement des choses.* "

Ainsi, Dieu veut que nous utilisions l'esprit qu'il nous a donné mais nous devons aussi toujours nous fier à ses instructions car il a promis qu'il nous conseillera et veillera sur nous dans toutes les voies que nous emprunterons. (Psaumes 32 : 8)

J'utilise mon intelligence car j'ai vraiment besoin de connaître la volonté de Dieu !

VIII. QUE FAIT-ON QUAND LA VOLONTÉ DE DIEU EST CONNUE ?

1. Demander pour pouvoir la réaliser

En tant que pécheur, l'homme est si plein de péché qu'il est incapable de faire la volonté de Dieu. L'intention de faire le bien est à l'intérieur, mais l'accomplissement n'est pas là. Paul a dit : "*Ce qui est bon, je le sais, n'habite pas en moi, c'est-à-dire dans ma chair : j'ai la volonté, mais non le pouvoir de faire le bien.*" (Romains 7 :18)

Mais celui qui est né de nouveau a le Saint-Esprit en lui. Cet Esprit Saint le guide et lui enseigne tout : "*Mais le consolateur, l'Esprit Saint, que le Père enverra en mon nom, vous enseignera toutes choses, et vous rappellera tout ce que je vous ai dit*" (Jean 14 :26).

Le roi David le savait et demanda : "*Enseigne-moi à faire ta volonté ! Car tu es mon Dieu. Que ton bon esprit me conduise sur la voie droite !*" (Psaumes 143 : 10).

Ne comptez donc pas sur vos propres forces, mais demandez toujours la direction et le réconfort du Saint-Esprit.

2. Vivre selon la prescription de Dieu

Si nous ne prenons que ce que I Thessaloniciens 4 : 3-4 dit, il y a trois choses qu'il dit clairement :

- C'est la volonté de Dieu que nous vivions dans la sainteté.
  Dieu est saint et il veut que nous, ses enfants, soyons saints comme lui. Vivez toujours près de Dieu, évitez et fuyez tout mal.

"*Nous savons que quiconque est né de Dieu ne pèche point ; mais celui qui est né de Dieu se garde lui-même, et le malin ne le touche pas*" (I Jean 5 :18).

- C'est la volonté de Dieu que nous nous abstenions de tout mal, de nous conduire en harmonie avec sa volonté.

  "*Abstenez-vous de toute espèce de mal*" (I Thessaloniciens 5 :22)

- Être auto-discipliné pour vivre dans la sainteté et la gloire.

3. Obéir

L'apôtre Jacques déclare clairement : "*Mettez en pratique la parole, et ne vous bornez pas à l'écouter, en vous trompant vous-mêmes par de faux raisonnements*" (Jacques 1 :22).

L'obéissance signifie l'accomplissement sans discussion de ce qu'on dit de faire. Ce que Jacques dit ici est effrayant : "*vous trompant vous-même*". Après tout, il y a des gens qui font beaucoup de travail dans l'église et pensent qu'ils font une œuvre de Dieu, mais pas vraiment par obéissance à Lui. De telles personnes seront déçues par la venue de Christ parce qu'elles espèrent entrer dans la vie mais Jésus dira qu'Il ne les connait pas.

"*Ceux qui me disent : Seigneur, Seigneur ! N'entreront pas tous dans le royaume des cieux, mais celui-là seul qui fait la volonté de mon Père qui est dans les cieux. Plusieurs me diront en ce jour-là : Seigneur, Seigneur, n'avons-nous pas prophétisé par ton nom ? N'avons-nous pas chassé des démons par ton nom ? et n'avons-nous pas fait beaucoup de miracles par ton nom ? Alors je leur dirai ouvertement : Je ne vous ai jamais connus, retirez-vous de moi, vous qui commettez l'iniquité* " (Matthieu 7 : 21-23)

Suivre Jésus-Christ n'est donc pas un rituel extérieur mais une conviction personnelle dans le cœur et c'est cela qui vous permet de communiquer directement avec Lui et de vous faire connaître par Lui.

Ainsi, l'obéissance est l'accomplissement de tout ce que Dieu dit, même si cela ne correspond pas à notre propre point de vue ou notre opinion personnel.

4. Résister à l'œuvre du diable

L'occultisme sévit dans le monde. C'est le diable qui répand toutes sortes de mal et il affecte tous les êtres humains car c'est leur choix même. Mais ceux qui se sont engagés envers Christ s'opposent aux œuvres du diable, et les Écritures les encouragent à le faire, comme l'a dit l'Apôtre Pierre : "*Soyez sobres, veillez. Votre adversaire, le diable, rôde comme un lion rugissant, cherchant qui il dévorera. Résistez-lui avec une foi ferme* " (1 Pierre 5 : 8-9a)

La personne qui croit au Christ, qui est une personne nouvelle, née de Dieu, est déclarée dans les Écritures sans péché et incapable de pécher : "*Quiconque est né de Dieu ne pratique pas le péché, parce que la semence de Dieu demeure en lui ; et il ne peut pécher, parce qu'il est né de Dieu.*" (I Jean 3 : 9)

Il ne sait pas comment pécher car il déteste déjà le péché à cause du Saint-Esprit qui habite en lui. De plus, le diable le craint à cause de ce même Esprit Saint qui le protège en tout temps et en tout lieu. Jésus a dit : "*Mes brebis entendent ma voix ; je les connais, et elles me suivent. Je leur donne la vie éternelle ; et elles ne périront jamais, et personne ne les ravira de ma main.*" (Jean 10 :27-28)

L'horreur du péché chez le converti l'oblige à résister de toutes ses forces aux œuvres du diable !

5. Informer les autres

Vous connaissez la volonté de Dieu parce que vous êtes son enfant. Vous connaissez la volonté de Dieu parce qu'il vous l'a révélée à cause de son amour pour vous. Jésus-Christ ne fait plus de vous un serviteur, il vous fait un ami, et tout ce qu'il a entendu de son Père, il vous l'a révélé. Vous avez la joie et la paix en conséquence. Il est de votre devoir de faire connaître cette vie aux autres afin qu'ils puissent avoir la paix aussi bien que la vôtre. L'apôtre Paul exhorte : "*N'aie donc point honte du témoignage à rendre à notre Seigneur.*" (II Timothée 1 : 8a).

Vous serez probablement comme les Apôtres qui ont interagi et vécu avec Jésus-Christ et ont osé dire à ceux qui ne le savent pas encore :

"*Ce qui était dès le commencement, ce que nous avons entendu, ce que nous avons vu de nos yeux, ce que nous avons contemplé et que nos mains ont touché, concernant la parole de vie, - car la vie a été manifestée, et nous l'avons vue et nous lui rendons témoignage, et nous vous annonçons la vie éternelle, qui était auprès du Père et qui nous a été manifestée, - ce que nous avons vu et entendu, nous vous l'annonçons, à vous aussi, afin que vous aussi vous soyez en communion avec nous. Or, notre communion est avec le Père et avec son Fils Jésus Christ.*" (I Jean 1 : 1-3).

Vous n'êtes plus un simple chrétien mais :

- un chrétien qui a entendu la voix de Dieu en vous
- un chrétien qui a vu toute l'œuvre de Dieu dans votre vie
- un chrétien qui a fait l'expérience de la merveilleuse et gracieuse providence de Dieu
- un chrétien qui ressent et apprécie la beauté de la communion avec Dieu.

Une personne qui ressent quelque chose d'aussi importante dans sa vie la gardera-t-elle pour elle ? Non ! Mais elle courra raconter à tous ceux qui l'entourent les innombrables BONTÉ que Dieu a manifestée dans sa vie. C'est le témoignage que l'Apôtre Jean rend ici : "*Et nous l'avons vu, et nous rendons témoignage, et nous vous montrons la vie éternelle*".

Un témoignage n'est pas une fabrication de l'esprit humain mais une déclaration simple et claire de ce qui a été vu, ressenti et vécu avec Dieu.

Les enfants de Dieu, pleins de grâce en sa présence, sont heureux de partager leur vie paisible avec les autres !

IX. <u>TOUT CE QUI EST REALISÉ N'EST PAS LA VOLONTÉ DE DIEU</u>

ATTENTION !!

L'une des opinions communes de nombreuses personnes est l'idée que quelque chose se produit parce que c'est la volonté de Dieu. Faites attention ! Ce n'est pas forcément le cas. La vérité indéniable est la suivante : seules les bonnes choses viennent de Dieu, comme il est écrit dans Deutéronome : "*Il est le rocher ; ses œuvres sont parfaites, Car toutes ses voies sont justes ; C'est un Dieu fidèle et sans iniquité, Il est juste et droit." (Deutéronome 32 : 4) et ce qui est dit dans les Psaumess : « Tu es bon et bienfaisant ; Enseigne-moi tes statuts ! "* (Psaumes 119 : 68).

- Ce n'était pas la volonté de Dieu que le péché entre dans l'homme et le fasse chuter, mais c'est arrivé.
- Ce n'est pas la volonté de Dieu que les gens se perdent, mais beaucoup semblent se précipiter dans cette voie. " *Tu ne suivras point la multitude pour faire le mal ; et tu ne déposeras point dans un procès en te mettant du côté du grand nombre, pour violer la justice".* (Exode 23 : 2).
- Ce n'est pas la volonté de Dieu qu'il y ait des maux comme l'adultère, les relations homosexuelles et d'innombrables autres maux, mais les gens les font tous. Que peut faire Dieu ? Il est triste mais il respecte le choix de chaque personne. Mais il ne se lasse pas d'appeler les gens à venir à lui. Regardez ces exemples :

- "*Mon fils, donne-moi ton cœur, Et que tes yeux se plaisent dans mes voies.*" (Proverbes 23 :26)

Ce mot est enveloppé dans un message d'amour.

- "*Venez à moi, vous tous qui êtes fatigués et chargés, et je vous donnerai du repos.*" (Matthieu 11 :28)

Conseils utiles pour décharger vos problèmes.

- "*Le Seigneur ne tarde pas dans l'accomplissement de la promesse, comme quelques-uns le croient ; mais il use de patience envers vous, ne voulant pas qu'aucun périsse, mais voulant que tous arrivent à la repentance.*" (II Pierre 3 : 9)

La patience et la longanimité de Dieu pour que ceux qui sont encore occupés dans cette vie à se repentir.

- "*Ce que je désire, est-ce que le méchant meure ? dit le Seigneur, l'Éternel. N'est-ce pas qu'il change de conduite et qu'il vive ?* " (Ézéchiel 18 :23)

La bonté de Dieu envers les pécheurs impénitents.

- "*Voici, je me tiens à la porte, et je frappe. Si quelqu'un entend ma voix et ouvre la porte, j'entrerai chez lui, je souperai avec lui, et lui avec moi*" (Apocalypse 3 :20)

Dieu respecte les choix de chaque personne qui veut L'accueillir dans sa propre vie.

Combien Dieu désire apporter la vie et vivifier tous les êtres humains qu'il a créés. Et Jésus dit : "*Le voleur ne vient que pour dérober, égorger et détruire ; moi, je suis venu afin que les brebis aient la vie, et qu'elles soient dans l'abondance.*" (Jean 10 :10)

Quelle est donc votre décision ? Parce que Dieu a besoin de votre décision. Car le désir est sien, mais le choix vous appartient. Il n'y a que deux possibilités : soit vous acceptez pleinement d'être avec Dieu, soit vous ne le faites pas.

Il vous a déjà fait connaître sa volonté et c'est à vous de faire le dernier pas : DECIDEZ.

X. LA VOLONTE DE DIEU DANS TOUS LES ASPECTS DE LA VIE

Tous les serviteurs de Dieu cherchent uniquement à faire la volonté de Dieu dans toute leur vie. Un exemple de cela est ce qui est dit dans les Psaumess : "*Je veux faire ta volonté, mon Dieu ! Et ta loi est au fond de mon cœur*" (Psaumes 40 : 8) et cela est encore confirmé dans un autre verset des Psaumes, disant : "*Enseigne-moi à faire ta volonté ! Car tu es mon Dieu. Que ton bon esprit me conduise sur la voie droite !*" (Psaumes 143 : 10).

Jésus-Christ a répété à plusieurs reprises à ses disciples qu'il n'était pas venu sur terre pour faire sa volonté, mais la volonté de celui qui l'avait envoyé :

> "*Jésus leur dit : Ma nourriture est de faire la volonté de celui qui m'a envoyé, et d'accomplir son œuvre.* " (Jean 4 :34)

La nourriture spirituelle était importante pour Jésus, pas la nourriture physique.

> "*Jésus reprit donc la parole, et leur dit : En vérité, en vérité, je vous le dis, le Fils ne peut rien faire de lui-même, il ne fait que ce qu'il voit faire au Père ; et tout ce que le Père fait, le Fils aussi le fait pareillement.*" (Jean 5 :19).

Il était un Fils obéissant et imitait son Père.

> "*Je ne puis rien faire de moi-même : selon que j'entends, je juge ; et mon jugement est juste, parce que je ne cherche pas ma volonté, mais la volonté de celui qui m'a* envoyé." (Jean 5 :30).

Il n'a qu'un choix : faire la volonté du Père !

> "*Car je suis descendu du ciel pour faire, non ma volonté, mais la volonté de celui qui m'a envoyé.*" (Jean 6 :38)

Une seule conviction : venir sur terre pour accomplir une mission !

Jésus a répété cette parole pour dire aux disciples que seule la volonté de Dieu le Père doit être accomplie par tous ceux qui croient en lui. Comment cherchez-vous la volonté de Dieu et l'accomplissez-vous dans toute votre vie ?

Une personne qui s'est pleinement engagée envers Jésus-Christ fait connaître sa volonté dans tous les aspects de sa vie : langage, comportement, façon de se vêtir, pensée, méthodes de travail, dans tout ce qu'elle fait. Et elle traite tout cela comme pour le Seigneur et non pour les hommes car c'est ce que les Écritures exigent :

"*Tout ce que vous faites, faites-le de bon cœur, comme pour le Seigneur et non pour des hommes.*" (Colossiens 3.23)

L'enfant de Dieu est unique dans tous les domaines de la vie. Il est lumière et sel dans sa communauté, il est un enfant de Dieu qui connaît la volonté de son Père, Dieu, et vit en conséquence :

"*Vous êtes le sel de la terre. Mais si le sel perd sa saveur, avec quoi la lui rendra-t-on ? Il ne sert plus qu'à être jeté dehors, et foulé aux pieds par les hommes. Vous êtes la lumière du monde. Une ville située sur une montagne ne peut être cachée.*" (Matthieu 5 : 13-14)

En tant que parent, combien seriez-vous heureux si vos enfants vous imitaient de la bonne manière ? Mais vous seriez très triste si vos enfants ne suivaient pas votre exemple, même extérieurement. Il en va de même avec Dieu.

Comme Dieu est heureux de nous voir, nous ses enfants, suivre son exemple !

"*Devenez donc les imitateurs de Dieu, comme des enfants bien-aimés.*" (Ephésiens 5 : 1)

CONCLUSION

Dieu nous aime et nous a appelés à être ses enfants et notre plus grand espoir est de RENCONTRER ET VOIR JÉSUS-CHRIST afin que nous le connaissions éternellement ainsi que le Père. Nous pouvons commencer à connaître Dieu le Père et Jésus-Christ ici même sur terre, et cela s'appelle la vie éternelle.

"*Or, la vie éternelle, c'est qu'ils te connaissent, toi, le seul vrai Dieu, et celui que tu as envoyé, Jésus Christ.*" (Jean 17 : 3)

C'est probablement l'espérance de tous les chrétiens. Si tel est le cas, nous sommes invités à vivre dans une pureté et une sainteté absolue :

"*Quiconque a cette espérance en lui se purifie, comme lui-même est pur.*" (I Jean 3 : 3).

Puissions-nous toujours être aux côtés de Celui qui nous aime, afin de connaître sa volonté, et ne pas trébucher en chemin, mais rencontrer notre Seigneur Jésus-Christ.

A Lui seul soit la gloire !

2ème Partie

Comment VAINCRE LA TENTATION ?

I. QU'EST-CE QUE : LA TENTATION ?

C'est le besoin né de la simple pensée ou du résultat de la vision avec les yeux ou de l'audition avec les oreilles qui vous incite à satisfaire ce besoin. Lorsque ce besoin est satisfait, il devient un péché. L'apôtre Jacques a dit : « *Mais chacun est tenté quand il est attiré et amorcé par sa propre convoitise. Puis la convoitise, lorsqu'elle a conçu, enfante le péché ; et le péché, étant consommé, produit la mort.* » (Jacques 1 : 14-15).

La tentation est toujours un mauvais désir et le résultat est le péché et la fin la mort. C'est pour quoi Jésus a dit à ses disciples : « *Veillez et priez, afin que vous ne tombiez pas en tentation ; l'esprit est bien disposé, mais la chair est faible.* » (Marc 14 :38)

Le diable tente : « *Après l'avoir tenté de toutes ces manières, le diable s'éloigna de lui jusqu'à un moment favorable* » (Luc 4 :13).

Dieu ne tente jamais et l'homme ne peut pas tenter Dieu. « *Que personne, lorsqu'il est tenté, ne dise : C'est Dieu qui me tente. Car Dieu ne peut être tenté par le mal, et il ne tente lui-même personne* » (Jacques 1 :13).

Cependant, lorsqu'une personne est tentée, cela permet à Dieu de voir la profondeur de sa foi en Lui, c'est-à-dire que si un croyant résiste la tentation, cela montre que sa foi est fermement enracinée en Dieu. Heureux est cet homme, car les Écritures disent : « *Heureux l'homme qui supporte patiemment la tentation ; car, après avoir été éprouvé, il recevra la couronne de vie, que le Seigneur a promise à ceux qui l'aiment.* » (Jacques 1 :12).

Comme Jésus qui a enduré les tentations de Satan avant de pouvoir faire son œuvre. (Matthieu 4 : 1-11)

II. POURQUOI LA TENTATION EXISTE-T-ELLE ?

1. Parce que les hommes sont pécheurs :

Comme nous l'avons déjà mentionné, la tentation est une attirance pour différents besoins. En tant que pécheurs, les hommes sont donc très sensibles à cette tentation. Ses yeux, son esprit et son corps sont facilement attirés. Les Ecritures déclarent : « *Par conséquent, si ton œil droit te fait tomber dans le péché, arrache-le et jette-le au loin, car il vaut mieux pour toi perdre un de tes organes que de voir ton corps entier précipité en enfer. Si ta main droite te fait tomber dans le péché, coupe-la et jette-la au loin. Il vaut mieux pour toi perdre un de tes membres que de voir tout ton corps jeté en enfer.* » (Matthieu 5 : 29-30 – Bible du Semeur).

2. En raison de l'attirance des autres :

La façon dont les gens vivent, s'habillent, agissent peut les conduire à la tentation. L'apôtre Pierre a dit : « *Avec des discours enflés de vanité, ils amorcent par les convoitises de la chair, par les dissolutions, ceux qui viennent à peine d'échapper aux hommes qui vivent dans l'égarement* » (II Pierre 2 :18). Et le livre des Proverbes raconte cette histoire effrayante : « *Et voici, il fut abordé par une femme ayant la mise d'une prostituée et la ruse dans le cœur... Elle le saisit et l'embrassa, Et d'un air effronté lui dit: ... Elle le séduisit à force de paroles, Elle l'entraîna par ses lèvres doucereuses* » (Proverbes 7 : 10,13,21).

Telle est la tentation évidente dans la vie d'une personne lorsqu'elle ne fait pas attention.

3. Parce que le diable veut tromper :

En tout temps et de toutes les manières, le diable cherche constamment à tromper et à renverser les croyants. Son but est d'éloigner les croyants des commandements de Dieu, c'est-à-dire de les faire tomber dans la tentation et de satisfaire tous les désirs qui lui viennent. C'est pourquoi l'apôtre Paul a dit au couple corinthien : « *Ne vous refusez donc pas l'un à l'autre. Vous pouvez, certes, en plein accord l'un avec l'autre, renoncer pour un temps à vos relations conjugales afin de vous consacrer davantage à la prière, mais après cela, reprenez vos rapports comme auparavant. Il ne faut pas donner à Satan l'occasion de vous tenter par votre incapacité à dominer vos instincts.* » (1 Corinthiens 7 : 5 – Bible du Semeur)

Depuis le début de l'histoire humaine, la stratégie du diable a été de leur faire désobéir à la Parole de Dieu : « *Et le serpent dit à la femme : Vous ne mourrez point ; mais Dieu sait que, le jour où vous en mangerez, vos yeux s'ouvriront, et que vous serez comme des dieux, connaissant le bien et le mal.* » (Genèse 3 : 4-5).

4. A cause du monde :

Le monde dont nous parlons ici est celui de tous ceux qui ont choisi de ne pas croire en Dieu mais de suivre leurs propres choix ou les tromperies du diable. À son sujet, il est dit : « *Celui qui a reçu la semence parmi les épines, c'est celui qui entend la parole, mais en qui les soucis du siècle et la séduction des richesses étouffent cette parole, et la rendent infructueuse* » (Matthieu 13 :22). « *Car tout ce qui est dans le monde, la convoitise de la chair, la convoitise des yeux, et l'orgueil de la vie, ne vient point du Père, mais vient du monde.* » (I Jean 2 :16)

III. QU'EST-CE QUI CAUSE LA TENTATION ?

Voici quatre choses qui font que les gens tombent facilement dans la tentation :

1. L'argent :

Presque tous les êtres humains tombent facilement dans la cupidité. C'est pourquoi les Écritures disent : « *Mais ceux qui veulent s'enrichir tombent dans la tentation, dans le piège, et dans beaucoup de désirs insensés et pernicieux qui plongent les hommes dans la ruine et la perdition. Car l'amour de l'argent est une racine de tous les maux ; et quelques-uns, en étant possédés, se sont égarés loin de la foi, et se sont jetés eux-mêmes dans bien des tourments* » (I Timothée 6 : 9-10). Et quand Jésus parla à l'homme riche, il dit : « *Il te manque une chose ; va, vends tout ce que tu as, donne-le aux pauvres, et tu auras un trésor dans le ciel. Puis viens, et suis-moi* » (Marc 10 :21). « *Jésus, regardant autour de lui, dit à ses disciples :* Qu'il sera difficile à ceux qui ont des richesses d'entrer dans le royaume de Dieu. Les disciples furent étonnés de ce que Jésus parlait ainsi. Et, reprenant, il leur dit : Mes enfants, qu'il est difficile à ceux qui se confient dans les richesses d'entrer dans le royaume de Dieu ». (Marc 10 :23-24).

Beaucoup de gens veulent s'appuyer sur la richesse, et l'argent en premier. Mais selon Jésus, l'argent peut être un obstacle à l'entrée dans le royaume des cieux. Comment un chameau passe-t-il par le chas d'une aiguille ? (Le Malgache le traduit par le chas d'une aiguille, mais en réalité, il s'agit d'une petite porte faite pour les gens). C'est quelque chose qui n'arrivera jamais!

2. **Le pouvoir et le savoir :**

Les gens travaillent dur pour obtenir ce dont ils ont besoin, et lorsqu'ils accumulent des richesses pour eux-mêmes, ils pensent que c'est grâce à leur force et à leur capacité qu'ils ont pu les obtenir. Mais Dieu a averti les enfants d'Israël : « *Garde-toi de dire en ton cœur : Ma force et la puissance de ma main m'ont acquis ces richesses. Souviens-toi de l'Éternel, ton Dieu, car c'est lui qui te donnera de la force pour les acquérir, afin de confirmer, comme il le fait aujourd'hui, son alliance qu'il a jurée à tes pères* » (Deutéronome 8 :17-18a)

L'histoire du roi Ozias est la plus révélatrice de la vie des hommes en général. Lorsqu'il devient célèbre et que sa gloire grandit, il s'enorgueillit et fait ce qu'il ne devrait pas faire. « *Mais lorsqu'il fut puissant, son cœur s'éleva pour le perdre. Il pécha contre l'Éternel, son Dieu : il entra dans le temple de l'Éternel pour brûler des parfums sur l'autel des parfums* » (II Chroniques 26 :16)

Qu'est-il arrivé à Ozias quand il était si orgueilleux ? « *Pendant qu'il était en colère contre les sacrificateurs, la lèpre éclata sur son front. Et le roi Ozias était lépreux jusqu'au jour de sa mort, et il habita dans une maison individuelle, étant lépreux, car il ne lui était pas permis d'entrer dans la maison de l'Éternel* ». (19b, 21a)

C'est la punition que Dieu donne aux orgueilleux. Le livre des Proverbes parle de cet orgueil : « *L'arrogance précède la ruine, Et l'orgueil précède la chute.* » (Proverbes 16 :18).

3. **Le désir sexuel :**

L'un des plus grands défis pour les hommes et les femmes est de résister aux désirs sexuels lorsqu'ils se manifestent. Le livre des Proverbes en donne un exemple : « *Viens, enivrons-nous d'amour jusqu'au matin, Livrons-nous joyeusement à la volupté. Car mon mari n'est pas à la maison, Il est parti pour un voyage lointain ; Il a pris avec lui le sac de l'argent, Il ne reviendra à la maison qu'à la nouvelle lune. Elle le séduisit à force de paroles, Elle l'entraîna par ses lèvres doucereuses. Il se mit tout à coup à la suivre, Comme le bœuf qui va à la boucherie, Comme un fou qu'on lie pour le châtier* » (Proverbes 7 : 18-22b).

Les Écritures mettent en garde contre cela, en disant : « *Ne la convoite pas dans ton cœur pour sa beauté, Et ne te laisse pas séduire par ses paupières* » (Proverbes 6 :25).

4. L’orgueil :

Le livre des Proverbes montre toujours l'effet de l'orgueil sur la vie des gens :

- « *Quand vient l'orgueil, vient aussi l’ignominie ; Mais la sagesse est avec les humbles* » (Proverbes 11 : 2)

- « *L'arrogance précède la ruine, Et l'orgueil précède la chute* » (Proverbes 16 :18)

- « *Avant la ruine, le cœur de l'homme s'élève ; Mais l'humilité précède la gloire* » (Proverbes 18 :12)

IV. LA TENTATION UTILISÉE PAR DIEU

Nous avons déjà dit dans l'épître de Jacques que Dieu ne tente jamais personne (Jacques 1 :13) mais que le diable tente les gens. Mais la force de la foi d'une personne et son adhésion aux principes de Dieu sont déterminées par sa résistance à la tentation. C'est cette endurance qui plaira à Dieu, comme le dit l'apôtre Jacques : « *Heureux l'homme qui supporte patiemment la tentation ; car, après avoir été éprouvé, il recevra la couronne de vie, que le Seigneur a promise à ceux qui l'aiment* » (Jacques 1 :12).

L'histoire de Job est l'une des plus grandes tentations auxquelles les gens peuvent être confrontés dans la vie, mais nous savons déjà à quel point Job était patient et comment il n'a pas péché même lorsque ce qui lui est arrivé était très difficile. De cela, il est dit : « *En tout cela, Job ne pécha point et n'attribua rien d'injuste à Dieu* » (Job 1 :22).

Mais pour tout le monde, Dieu les aide à sortir de cette tentation.

« *Aucune tentation ne vous est survenue qui n'ait été humaine, et Dieu, qui est fidèle, ne permettra pas que vous soyez tentés au-delà de vos forces ; mais avec la tentation il préparera aussi le moyen d'en sortir, afin que vous puissiez la supporter* » (1 Corinthiens 10 :13).

Comme Dieu nous protège, nous qui croyons en Lui !

V. LES GENS QUI ONT SURMONTÉ DE GRANDES TENTATIONS

- Joseph :

L'histoire est la suivante : « *il arriva que la femme de son maître porta les yeux sur Joseph, et dit : Couche avec moi ! Il refusa, et dit à la femme de son maître : Voici, mon maître ne prend avec moi connaissance de rien dans la maison, ... Quoiqu'elle parlât tous les jours à Joseph, il refusa de coucher auprès d'elle, d'être avec elle.* » (Genèse 39 : 8,10)

- Job :

« *Nous avons déjà dit que peu importe ce qui est arrivé à Job, il n'a pas péché.* » (Job 1 :22)

- Daniel :

Bien qu'il soit resté dans le palais du roi, il a refusé de manger les délices du roi, alors il a fait ceci : « *Daniel résolut de ne pas se souiller par les mets du roi et par le vin dont le roi buvait, et il pria le chef des eunuques de ne pas l'obliger à se souiller* » (Daniel 1 : 8).

- Jésus Christ :

« *Le tentateur, s'étant approché, lui dit : Si tu es Fils de Dieu, ordonne que ces pierres deviennent des pains. Jésus répondit : Il est écrit : L'homme ne vivra pas de pain seulement, mais de toute parole qui sort de la bouche de Dieu.* » (Deutéronome 8 :3)

Le diable le transporta dans la ville sainte, le plaça sur le haut du temple, et lui dit : Si tu es Fils de Dieu, jette-toi en bas ; car il est écrit : Il donnera des ordres à ses anges à ton sujet ; Et ils te porteront sur les mains, De peur que ton pied ne heurte contre une pierre. (Ps. 91.11.12). Jésus lui dit : Il est aussi écrit : Tu ne tenteras point le Seigneur, ton Dieu.

Le diable le transporta encore sur une montagne très élevée, lui montra tous les royaumes du monde et leur gloire, et lui dit : Je te donnerai toutes ces choses, si tu te prosternes et m'adores. Jésus lui dit : « *Retire-toi, Satan ! Car il est écrit : Tu adoreras le Seigneur, ton Dieu, et tu le serviras lui seul.* » (Deutéronome 6 :13)

Alors le diable le laissa. Et voici, des anges vinrent auprès de Jésus, et le servaient. (Matthieu 4 : 3-11).

Jésus était rempli de la puissance de l'Esprit parce qu'il était seul à prier et que la puissance de la tentation du diable n'a pas pu résister à sa force.

VI. COMMENT VAINCRE LA TENTATION ?

1. Demeurer dans l'amour de Dieu :

Qui nous séparera de l'amour de Christ ? Sera-ce la tribulation, ou l'angoisse, ou la persécution, ou la faim, ou la nudité, ou le péril, ou l'épée ? Selon qu'il est écrit : C'est à cause de toi qu'on nous met à mort tout le jour, Qu'on nous regarde comme des brebis destinées à la boucherie. (Ps. 44. 22). « *Mais dans toutes ces choses nous sommes plus que vainqueurs par celui qui nous a aimés. Car j'ai l'assurance que ni la mort ni la vie, ni les anges ni les dominations, ni les choses présentes ni les choses à venir, ni les puissances, ni la hauteur, ni la profondeur, ni aucune autre créature ne pourra nous séparer de l'amour de Dieu manifesté en Jésus Christ notre Seigneur* » (Romains 8 : 35-39)

Étonnante ! Toutes ces afflictions peuvent-elles être tolérées par l'esprit et le corps humain ? Il est clairement dit que quelles que soient les souffrances, même la mort, elles ne nous sépareront pas de l'amour de Dieu. Mais ce n'est pas par nos propres forces que nous pouvons les supporter, mais grâce à l'esprit qui nous a été donné et dont l'apôtre Paul a parlé à Timothée

: « *Car ce n'est pas un esprit de timidité que Dieu nous a donné, mais un esprit de force, d'amour et de sagesse* » (II Timothée 1 :7)

2. S'approcher de Jésus qui a surmonté la tentation :

Pourquoi s'approcher de Jésus ? Parce qu'Il a vaincu la tentation et Lui seul peut délivrer celui qui est tenté. « *Car, ayant été tenté lui-même dans ce qu'il a souffert, il peut secourir ceux qui sont tentés* » (Hébreux 2 :18).

Jésus Christ est la seule personne qui n'a pas pêché même s'Il a été tenté de toutes sortes par le diable, par les Pharisiens, les Sacrificateurs de son temps. « *Nous n'avons pas un souverain sacrificateur qui ne puisse compatir à nos faiblesses ; au contraire, il a été tenté comme nous en toutes choses, sans commettre de péché. Approchons-nous donc avec assurance du trône de la grâce afin d'obtenir miséricorde et de trouver grâce, pour être secourus dans nos besoins* » (Hébreux 4 : 15-16).

3. Se mettre en compagnie de Dieu qui est grand :

« *Vous, petits-enfants, vous êtes de Dieu, et vous les avez vaincus, parce que celui qui est en vous est plus grand que celui qui est dans le monde* » (I Jean 4 : 4)

4. La persévérance dans la prière :

« *Veillez et priez, afin que vous ne tombiez pas dans la tentation ; l'esprit es bien disposé, mais la chair est faible* » (Matthieu 26 :41).

5. Maîtrise de soi :

« *Vous donc, bien-aimés, qui êtes avertis, mettez-vous sur vos gardes, de peur qu'entraînés par l'égarement des impies, vous ne veniez à déchoir de votre fermeté* » (II Pierre 3 :17).

6. Dieu nous protège :

« *Le Seigneur sait délivrer de l'épreuve les hommes pieux, et réserver les injustes pour être punis au jour du jugement* » (II Pierre 2 : 9).

CONCLUSION :

L'homme est un pécheur ; il a été trompé par le diable dès le début et la tromperie du diable se poursuit encore aujourd'hui. Le diable utilise de nombreuses tentations pour cela, mais les croyants qui sont basés sur la foi ne tomberont pas dans le piège.

Dieu le protège même de cela afin qu'il ne soit pas vaincu par une quelconque tentation.

Remercions Dieu pour son amour !

3ème Partie

Comment PARDONNER ?

INTRODUCTION :

La capacité de pardonner est une attitude que Jésus et Dieu veulent que ceux qui croient en Lui aient. Mais cette attitude n'est pas dans la nature humaine en tant que pécheur.

Comment une personne peut-elle pardonner ou expier les péchés des autres autour d'elle alors qu'elle-même est encore liée et emprisonnée dans le péché ?

Quand Jésus a enseigné à ses disciples à prier, il a dit : « *Pardonne-nous nos offenses, comme nous aussi nous pardonnons à ceux qui nous ont offensés* » (Matthieu 6 :12).

Comment cela peut-il être fait ? C'est ce à quoi nous essaierons de répondre dans cette partie.

I. LE PARDON N'EST PAS UN ÉTAT D'ESPRIT PROPRE AU PÉCHEUR

Lorsque l'homme a péché, c'est-à-dire qu'il a transgressé les commandements de Dieu, il a suivi sa propre voie et a pensé qu'il avait raison. C'est là que le diable est intervenu pour le tromper dans tout ce qu'il faisait. Le premier plan de cet ennemi de Dieu était de détruire complètement la façon de penser des gens, comme le dit l'apôtre Paul : « *Puisque ayant connu Dieu, ils ne l'ont point glorifié comme Dieu, et ne lui ont point rendu grâces ; mais ils se sont égarés dans leurs pensées, et leur cœur sans intelligence a été plongé dans les ténèbres* » (Romains 1 :21).

Le cœur de l'homme est rempli de péché et c'est pourquoi il n'entend plus ce qui est juste, mais voit clairement ce qui ne va pas chez les gens qui l'entourent. Ainsi, la première chose qui lui vient à l'esprit n'est pas de pardonner, mais de condamner et de juger.

C'est pourquoi nous disons que le pardon n'est pas un état d'esprit propre au pécheur.

II. DIEU EST LE SEIGNEUR DE LA MISÉRICORDE ET DU PARDON

1. Il est miséricordieux :

La miséricorde est une caractéristique qui reflète réellement la nature de Dieu. Notre esprit humain ne peut pas comprendre la profondeur de sa miséricorde lorsque nous pensons et regardons notre nature pécheresse. Depuis longtemps, à l'époque des Israélites, ils ont ressenti cette nature de Dieu :

« *Et l'Éternel passa devant lui, et s'écria : L'Éternel, l'Éternel, Dieu miséricordieux et compatissant, lent à la colère, riche en bonté et en fidélité, qui conserve son amour jusqu'à mille générations, qui pardonne l'iniquité, la rébellion et le péché, mais qui ne tient point le coupable pour innocent, et qui punit l'iniquité des pères sur les enfants et sur les enfants des enfants jusqu'à la troisième et à la quatrième génération !* » (Exode 34 : 6-7)

2. **Il est amour :**

« *Celui qui n'aime pas n'a pas connu Dieu, car Dieu est amour. Et nous, nous avons connu l'amour que Dieu a pour nous, et nous y avons cru. Dieu est amour ; et celui qui demeure dans l'amour demeure en Dieu, et Dieu demeure en lui* » (I Jean 4 : 8, 16).

3. **Il est plein de grâce :**

« *O Dieu ! Aie pitié de moi dans ta bonté ; Selon ta grande miséricorde, efface mes transgressions* » (Psaumes 51 : 1)

4. **Il pardonne :**

« *Que le méchant abandonne sa voie, Et l'homme d'iniquité ses pensées ; Qu'il retourne à l'Éternel, qui aura pitié de lui, A notre Dieu, qui ne se lasse pas de pardonner* » (Esaïe 55 : 7).

5. **Il est patient :**

« *Le Seigneur ne tarde pas dans l'accomplissement de la promesse, comme quelques-uns le croient ; mais il use de patience envers vous, ne voulant pas qu'aucun périsse, mais voulant que tous arrivent à la repentance* » (II Pierre 3 : 9).

C'est la nature même de Dieu qui lui permet de nous pardonner : il est aimant, plein de grâce, miséricordieux et patient avec toutes nos imperfections.

III. COMMENT SE MANIFESTE LE PARDON DE DIEU ?

1. **Par l'effusion de sang :**

« *Et presque tout, d'après la loi, est purifié avec du sang, et sans effusion de sang il n'y a pas de pardon* » (Hébreux 9 :22)

2. **Par l'offrande :**

« *Le sacrificateur ayant reçu l'onction prendra du sang du taureau, et l'apportera dans la tente d'assignation ; il trempera son doigt dans le sang, et il en fera sept fois l'aspersion devant l'Éternel, en face du voile du sanctuaire* » (Lévitique 4 : 5-6).

3. **Par et avec le sang de Jésus :**

« *Sachant que ce n'est pas par des choses périssables, par de l'argent ou de l'or, que vous avez été rachetés de la vaine manière de vivre que vous avez hérité de vos pères, mais par le sang précieux de Christ, comme d'un agneau sans défaut et sans tache* » (I Pierre 1 : 18-19)

4. **Jésus pardonne :**

« *Jésus, voyant leur foi, dit au paralytique : Mon enfant, tes péchés sont pardonnés* » (Marc 2 : 5).

« *Elle répondit : Non, Seigneur. Et Jésus lui dit : Je ne te condamne pas non plus : va, et ne pèche plus* » (Jean 8 :11)

IV. COMMENT OBTENIR LE PARDON ?

1. **Par la confession :**

Comment peut-on recevoir le pardon sans le demander ? Par conséquent, demander pardon est un moyen que l'on ne peut pas éviter pour obtenir ce pardon. Une personne qui se rend vraiment compte de ses erreurs est humble et demande pardon. C'est exactement ce qu'a fait le psalmiste :

- « *Je t'ai fait connaître mon péché, je n'ai pas caché mon iniquité ; J'ai dit : J'avouerai mes transgressions à l'Éternel ! Et tu as effacé la peine de mon péché* » (Psaumes 32 : 5).

- « *O Dieu ! aie pitié de moi dans ta bonté ; Selon ta grande miséricorde, efface mes transgressions.* » (Psaumes 51 : 1)

- « *Celui qui cache ses transgressions ne prospère point, Mais celui qui les avoue et les délaisse obtient miséricorde* » (Proverbes 28 :13)

- « *Si nous confessons nos péchés, il est fidèle et juste pour nous les pardonner, et pour nous purifier de toute iniquité.* » (I Jean 1 : 9).

2. **Repentez-vous et changez :**

« *Pierre leur dit : Repentez-vous, et que chacun de vous soit baptisé au nom de Jésus Christ, pour le pardon de vos péchés ; et vous recevrez le don du Saint Esprit* » (Actes 2 :38)

« *Repentez-vous donc et convertissez-vous, pour que vos péchés soient effacés* » (Actes 3 :19).

3. **Croire en Jésus-Christ :**

« *Tous les prophètes rendent de lui le témoignage que quiconque croit en lui reçoit par son nom le pardon des péchés* » (Actes 10 :43)

« *Sachez donc, hommes frères, que c'est par lui que le pardon des péchés vous est annoncé, et que quiconque croit est justifié par lui de toutes les choses dont vous ne pouviez être justifiés par la loi de Moïse* » (Actes 13 : 38-39).

La repentance et la foi en Jésus sont la base pour recevoir le pardon des péchés. Les personnes qui sont passées par ce processus ont déjà un esprit libre et indulgent.

V. COMMENT PUIS-JE POUVOIR PARDONNER ?

Comme mentionné précédemment, une personne peut et est capable de pardonner lorsqu'elle a été libérée de tous ses iniquités.

Une personne qui est pardonnée est capable de pardonner :

- **Etienne** : « *Puis, s'étant mis à genoux, il s'écria d'une voix forte : Seigneur, ne leur impute pas ce péché ! Et, après ces paroles, il s'endormit* » (Actes 7 :60).

- **Joseph** : « *Joseph leur dit : Soyez sans crainte ; car suis-je à la place de Dieu ? Vous aviez médité de me faire du mal : Dieu l'a changé en bien, pour accomplir ce qui arrive aujourd'hui, pour sauver la vie à un peuple nombreux. Soyez donc sans crainte ; je vous entretiendrai, vous et vos enfants. Et il les consola, en parlant à leur cœur* » (Genèse 50 : 19-21).

- **Père du fils prodigue** : « *Et il se leva, et alla vers son père. Comme il était encore loin, son père le vit et fut ému de compassion, il courut se jeter à son cou et le baisa* » (Luc 15 :20).

- **Paul** : « *Dans ma première défense, personne ne m'a assisté, mais tous m'ont abandonné. Que cela ne leur soit point imputé !* » (II Timothée 4.16)

- **Jésus-Christ** : « *Jésus dit : Père, pardonne-leur, car ils ne savent ce qu'ils font. Ils se partagèrent ses vêtements, en tirant au sort* » (Luc 23 :34).

Pourquoi ont-ils pu pardonner ? Parce que le Saint-Esprit était déjà en eux et leur donnait la force de le faire.

Nous avons dit au début qu'il n'est pas naturel pour un pécheur de pardonner, mais qu'il doit avoir le Saint-Esprit pour pouvoir le faire. Dieu veut que nous, les croyants, soyons aussi miséricordieux et indulgents que lui : « *Soyez donc miséricordieux, comme votre Père est miséricordieux* » (Luc 6 :36).

CONCLUSION :

Mais nous ne pouvons pas le faire aussi facilement, nous devons tous imiter Jésus et Dieu tels qu'ils sont :

« *Devenez donc les imitateurs de Dieu, comme des enfants bien-aimés* » (Ephésiens 5 : 1)

« *Soyez mes imitateurs, comme je le suis moi-même de Christ* » (I Corinthiens 11 : 1)

4ème Partie

Comment
VIVRE LA
FOI
?

I. QU'EST-CE QUE LA FOI ?

L'auteur de l'épître aux Hébreux le décrit ainsi : « *Or la foi est la substance des choses qu'on espère, l'évidence des choses qu'on ne voit pas* » (Hébreux 11 : 1).

La foi signifie donc une acceptation et une confiance inébranlable en quelque chose ou en quelqu'un qui est invisible et dont on peut toujours s'attendre à ce qu'il fasse quelque chose pour soi, comme Dieu.

Croire = faire confiance, accepter sans craindre ou mettre en doute l'existence de situations ou de personnes qui n'ont pas encore été vues.

« *Mais qu'il la demande avec foi, sans douter ; car celui qui doute est semblable au flot de la mer, agité par le vent et poussé de côté et d'autre. Qu'un tel homme ne s'imagine pas qu'il recevra quelque chose du Seigneur : c'est un homme irrésolu, inconstant dans toutes ses voies.* » (Jacques 1 : 6-8).

Le doute, l'incertitude, l'indécision sont contraires à la foi. Ces caractères ne permettent pas de recevoir quoi que ce soit du Seigneur, comme le dit l'apôtre Jacques. Il est donc clair que le scepticisme est un trait de caractère qu'il ne faut jamais posséder, car il exprime l'incrédulité.

II. QUELLE EST LA BASE DE LA FOI ?

La confiance en Dieu, la bonne connaissance de Jésus-Christ et le fondement sur les Saintes Écritures, sont les trois principes de la foi.

1. Avoir confiance en Dieu :

- "*Aie confiance en l'Éternel de tout ton cœur, et ne t'appuie pas sur ta propre intelligence*" (Proverbes 3 : 5)

- « *la justice de Dieu par la foi en Jésus-Christ pour tous ceux qui croient ; Il n'y a point de distinction.* » (Romains 3 :22)

2. Bonne connaissance de Dieu le Père et de Jésus son Fils :

« *Gardez le mystère de la foi dans une conscience pure* » (I Timothée 3 : 9)

3. Fondement sur la Parole de Dieu :

« *Toutes les Écritures sont inspirées de Dieu et utiles pour enseigner, pour convaincre, pour corriger, pour instruire dans la justice* » (II Timothée 3 :16).

- Amour de Dieu :

« *Et il dit : Je vous le dis en vérité, cette pauvre veuve a mis plus que tous les autres ; car c'est de leur superflu que tous ceux-là ont mis des offrandes dans le tronc, mais elle a mis de son nécessaire, tout ce qu'elle avait pour vivre.* » (Luc 21 : 3-4).

Toutes ces expériences sont celles des personnes qui ont reçu le salut. L'Esprit Saint, quant à lui, le fortifie et le guide, le protégeant de tous les pièges qui pourraient le blesser.

III. D'OU VIENT LA FOI ?

La plupart des croyants ne se posent pas cette question, mais il s'agit vraiment de la connaître pour pouvoir vivre par la foi.

1. C'est un don de Dieu :

- « *Car c'est par la grâce que vous êtes sauvés, par le moyen de la foi. Et cela ne vient pas de vous, c'est le don de Dieu.* » (Éphésiens 2 : 8).

- « *Que la paix et la charité avec la foi soient données aux frères de la part de Dieu le Père et du Seigneur Jésus-Christ !* » (Ephésiens 6 :23)

- « *Car il vous a été fait la grâce, par rapport à Christ, non seulement de croire en lui, mais encore de souffrir pour lui.* » (Philippiens 1 :29)

2. La foi vient du Saint-Esprit :

« *En effet, à l'un est donnée par l'Esprit une parole de sagesse ; ..., à un autre, la foi, par le même Esprit ; ...* » (I Corinthiens 12 : 9)

3. Elle vient du sermon :

- « *Ce n'est pas pour eux seulement que je prie, mais encore pour ceux qui croiront en moi par leur parole* » (Jean 17 :20)

- « *Après une longue discussion, Pierre se leva et leur dit : Mes frères, comme vous le savez, il y a déjà longtemps que Dieu m'a choisi parmi vous pour que j'annonce la Bonne Nouvelle aux non-Juifs, pour qu'ils l'entendent et deviennent croyants.* » (Actes 15 : 7)

- « *Donc, la foi naît du message que l'on entend, et ce message c'est celui qui s'appuie sur la parole du Christ.* » (Romains 10 :17)

4. En lisant les Écritures :

- « *Mais ces choses ont été écrites afin que vous croyiez que Jésus est le Christ, le Fils de Dieu, et qu'en croyant vous ayez la vie en son nom.* » (Jean 20 :31)

- « *Je vous ai écrit ces choses, afin que vous sachiez que vous avez la vie éternelle, vous qui croyez au nom du Fils de Dieu.* » (I Jean 5 :13)

Bref, la foi vient de la lecture ou de l'écoute de la Parole de Dieu. Dieu donne cette foi gratuitement à quiconque veut croire en lui.

IV. QUI DEVONS NOUS CROIRE ?

1. Dieu le Père :

- « *Israël vit la main puissante que l'Eternel avait dirigée contre les Egyptiens. Et le peuple craignit l'Eternel, et il crut en l'Eternel et en Moïse, son serviteur.* » (Exode 14 :31)

- « *Que votre cœur ne se trouble point. Croyez en Dieu, et croyez en moi.* » (Jean 14 : 1)

2. Jésus-Christ :

- « *C'est là le premier des signes miraculeux que fit Jésus. Cela se passa à Cana en Galilée. Il révéla ainsi sa gloire, et ses disciples crurent en lui.* » (Jean 2 :11)

- « *Que votre cœur ne se trouble point. Croyez en Dieu, et croyez en moi.* » (Jean 14 : 1)

- « *Crois au Seigneur Jésus, lui répondirent-ils, et tu seras sauvé, toi et les tiens.* » (Actes 16 :31)

V. QUE DOIS-JE CROIRE ?

1. La Parole de Dieu ou l'Evangile :

- « *Après que Jean eut été livré, Jésus alla dans la Galilée, prêchant l'Evangile de Dieu. Il disait : Le temps est accompli, et le royaume de Dieu est proche. Repentez-vous, et croyez à la bonne nouvelle.* » (Marc 1 :15)

- « *Je vous rappelle, frères, l'Évangile que je vous ai annoncé, que vous avez reçu, dans lequel vous avez persévéré, et par lequel vous êtes sauvés, si vous le retenez tel que je vous l'ai annoncé ; autrement, vous auriez cru en vain.* » (I Corinthiens 15.1-2)

- « *Pour toi, reste attaché à tout ce que tu as appris et reçu avec une entière conviction. Tu sais de qui tu l'as appris. 15 Depuis ton enfance, en effet, tu connais les Saintes Ecritures ; elles peuvent te donner la vraie sagesse, qui conduit au salut par la foi en Jésus-Christ.* » (II Timothée 3 : 14-15)

2. La promesse de Dieu :

- « *Il ne douta point, par incrédulité, au sujet de la promesse de Dieu ; mais il fut fortifié par la foi, donnant gloire à Dieu.* » (Romains 4 :20).

VI. QUELS SONT LES EFFETS DE LA FOI ?

Les résultats de la foi dans la vie du croyant sont nombreux. Voyons ce qu'en disent les Saintes Écritures :

1. **Recevoir le pardon :**

« *Tous les prophètes rendent de lui le témoignage que quiconque croit en lui reçoit par son nom le pardon des péchés.* » (Actes 10 :43).

2. **Justification :**

- « *Sachez donc, hommes frères, que c'est par lui que le pardon des péchés vous est annoncé, et que quiconque croit est justifié par lui de toutes les choses dont vous ne pouviez être justifiés par la loi de Moïse.* » (Actes 13 : 38-39).

- « *Car nous pensons que l'homme est justifié par la foi, sans les œuvres de la loi.* » (Romains 3 :28)

- « *Néanmoins, sachant que ce n'est pas par les œuvres de la loi que l'homme est justifié, mais par la foi en Jésus-Christ, nous aussi nous avons cru en Jésus-Christ, afin d'être justifiés par la foi en Christ et non par les œuvres de la loi, parce que nulle chair ne sera justifiée par les œuvres de la loi.* » (Galates 2 :16)

- « *Etant donc justifiés par la foi, nous avons la paix avec Dieu par notre Seigneur Jésus-Christ* » (Romains 5 : 1)

3. **Recevoir le Salut :**

- « *Paul et Silas répondirent : Crois au Seigneur Jésus, et tu seras sauvé, toi et ta famille.* » (Actes 16 :31).

- « *Si tu confesses de ta bouche le Seigneur Jésus, et si tu crois dans ton cœur que Dieu l'a ressuscité des morts, tu seras sauvé. Car c'est en croyant du cœur qu'on parvient à la justice, et c'est en confessant de la bouche qu'on parvient au salut,* » (Romains 10 : 9-10)

4. **Recevoir la vie éternelle :**

« *Et comme Moïse éleva le serpent dans le désert, de même le Fils de l'homme doit être élevé, afin que quiconque croit en lui ait la vie éternelle. Car Dieu a tant aimé le monde qu'il a donné son Fils unique, afin que quiconque exerçant la foi en lui ne soit pas détruit mais ait la vie éternelle.* » (Jean 3 : 14-16)

5. **Libre de culpabilité :**

« *Dieu, en effet, n'a pas envoyé son Fils dans le monde pour qu'il juge le monde, mais pour que le monde soit sauvé par lui. Celui qui croit en lui n'est point jugé ; mais celui qui ne croit pas est déjà jugé, parce qu'il n'a pas cru au nom du Fils unique de Dieu.* » (Jean 3 :17-18)

6. **Pas de décès :**

« *Jésus lui dit : Je suis la résurrection et la vie. Celui qui croit en moi vivra, quand même il serait mort ; et quiconque vit et croit en moi ne mourra jamais. Crois-tu cela ?* » (Jean 11 : 25-26)

7. **Devenir Fils de Dieu :**

- « *Mais à tous ceux qui l'ont reçue, à ceux qui croient en son nom, elle a donné le pouvoir de devenir enfants de Dieu.* » (Jean 1 :12).

- « *Et vous n'avez point reçu un esprit de servitude, pour être encore dans la crainte ; mais vous avez reçu un Esprit d'adoption, par lequel nous crions : Abba ! Père ! L'Esprit lui-même rend témoignage à notre esprit que nous sommes enfants de Dieu.* » (Romains 8 : 15-16).

- « *Car vous êtes tous fils de Dieu par la foi en Jésus-Christ.* » (Galates 3 :26)

8. **Devenir un enfant de lumière :**

« *Pendant que vous avez la lumière, croyez en la lumière, afin que vous soyez des enfants de lumière.* » (Jean 12 :36)

9. **Vous pouvez approcher Dieu :**

« *Etant unis à lui, par la foi en lui, nous avons la liberté de nous approcher de Dieu avec assurance.* » (Ephésiens 3 :12)

10. **Entrer dans le repos de Dieu :**

« Pour nous qui avons cru, nous entrons dans le repos. » (Hébreux 4 : 3a)

11. **Cœur purifié :**

« *Entre eux et nous, il n'a fait aucune différence puisque c'est par la foi qu'il a purifié leur cœur.* » (Actes 15 : 9)

12. **Sanctification :**

- « *A l'Eglise de Dieu qui est à Corinthe, à ceux qui ont été sanctifiés en Jésus-Christ, appelés à être saints, et à tous ceux qui invoquent en quelque lieu que ce soit le nom de notre Seigneur Jésus-Christ, leur Seigneur et le nôtre.* » (I Corinthiens 1 : 2)

- « *Et je me sanctifie moi-même pour eux, afin qu'eux aussi soient sanctifiés par la vérité.* » (Jean 17 :19).

13. **Héritiers de Dieu :**

« *Or, si nous sommes enfants, nous sommes aussi héritiers : héritiers de Dieu, et cohéritiers de Christ, si toutefois nous souffrons avec lui, afin d'être glorifiés avec lui.* » (Romains 8 :17).

14. **Œuvré par la Parole de Dieu :**

« *C'est pourquoi nous rendons continuellement grâces à Dieu de ce qu'en recevant la parole de Dieu, que nous vous avons fait entendre, vous l'avez reçue, non comme la parole des hommes, mais, ainsi qu'elle l'est véritablement, comme la parole de Dieu, qui agit en vous qui croyez.* » (I Thessaloniciens 2.13)

15. **Se réconcilier avec Dieu :**

- « *Etant donc justifiés par la foi, nous avons la paix avec Dieu par notre Seigneur Jésus-Christ.* » (Romains 5 : 1)

16. **Protégé par la puissance de Dieu :**

- « *à vous qui, par la puissance de Dieu, êtes gardés par la foi pour le salut prêt à être révélé dans les derniers temps !* » (I Pierre 1 : 5)

- « *Je leur donne la vie éternelle ; et elles ne périront jamais, et personne ne les ravira de ma main.* » (Jean 10 :28).

VII. **COMMENT DEVRAIT ÊTRE LA VIE D'UN CROYANT ?**

1. **Guidé par la foi :**

- « *Car nous marchons par la foi, non par la vue* » (II Corinthiens 5 : 7)

- « *J'ai été crucifié avec Christ ; et si je vis, ce n'est plus moi qui vis, c'est Christ qui vit en moi ; si je vis maintenant dans la chair, je vis dans la foi au Fils de Dieu, qui m'a aimé et qui s'est livré lui-même pour moi.* » (Galates 2 :20).

2. **Marchez par la foi :**

« *Et le père des circoncis, qui ne sont pas seulement circoncis, mais encore qui marchent sur les traces de la foi de notre père Abraham quand il était incirconcis.* » (Romains 4 :12).

3. **Affronter chaque vie par la foi :**

« *Qui, par la foi, vainquirent des royaumes, exercèrent la justice, obtinrent des promesses, fermèrent la gueule des lions,* » (Hébreux 11 :33)

4. **Soyez ferme dans la foi :**

- « *Fortifiant l'esprit des disciples, les exhortant à persévérer dans la foi, et disant que c'est par beaucoup de tribulations qu'il nous faut entrer dans le royaume de Dieu.* » (Actes 14 :22).

- « *Veillez, demeurez fermes dans la foi, soyez des hommes, fortifiez-vous.* » (I Corinthiens 16 :13)

- « *Résistez-lui avec une foi ferme, sachant que les mêmes souffrances sont imposées à vos frères dans le monde.* » (I Pierre 5 : 9).

5. **Combattre le bon combat de la foi :**

- « *Combats le bon combat de la foi, saisis la vie éternelle, à laquelle tu as été appelé, et pour laquelle tu as fait une belle confession en présence d'un grand nombre de témoins.* » (1 Timothée 6 :12).

- « *Bien-aimés, comme je désirais vivement vous écrire au sujet de notre salut commun, je me suis senti obligé de le faire afin de vous exhorter à combattre pour la foi qui a été transmise aux saints une fois pour toutes.* » (Jude 3)

6. **Grandir dans la foi :**

- « *Nous devons à votre sujet, frères, rendre continuellement grâces à Dieu, comme cela est juste, parce que votre foi fait de grands progrès, et que la charité de chacun de vous tous à l'égard des autres augmente de plus en plus.* » (II Thessaloniciens 1 : 3).

- « *Pour vous, bien-aimés, vous édifiant vous-mêmes sur votre très sainte foi, et priant par le Saint-Esprit* » (Jude 20)

7. **Dieu est approuvé par la foi :**

« *Or sans la foi il est impossible de lui être agréable ; car il faut que celui qui s'approche de Dieu croie que Dieu existe, et qu'il est le rémunérateur de ceux qui le cherchent.* » (Hébreux 11 : 6).

8. **La foi doit être accompagnée d'amour et d'espérance :**

- « *Et quand j'aurais le don de prophétie, la science de tous les mystères et toute la connaissance, quand j'aurais même toute la foi jusqu'à transporter des montagnes, si je n'ai pas la charité, je ne suis rien.* » (I Corinthiens 13 :2).

- « *Car, en Jésus-Christ, ni la circoncision ni l'incirconcision n'a de valeur, mais la foi qui est agissante par la charité.* » (Galates 5 : 6)

- « *nous rappelant sans cesse l'œuvre de votre foi, le travail de votre charité, et la fermeté de votre espérance en notre Seigneur Jésus-Christ, devant Dieu notre Père.* » (I Thessaloniciens 1 :3)

9. Faites toutes choses avec foi :

« *Mais celui qui a des doutes au sujet de ce qu'il mange est condamné, parce qu'il n'agit pas par conviction. Tout ce qui n'est pas le produit d'une conviction est péché.* » (Romains 14 :23)

10. Prier avec foi :

« *Mais qu'il la demande avec foi, sans douter ; car celui qui doute est semblable au flot de la mer, agité par le vent et poussé de côté et d'autre.* » (Jacques 1 : 6).

11. Vaincre le péché par la foi :

« *Parce que tout ce qui est né de Dieu triomphe du monde ; et la victoire qui triomphe du monde, c'est notre foi. 5 Qui est celui qui a triomphé du monde, sinon celui qui croit que Jésus est le Fils de Dieu* ? » (I Jean 5 : 4-5)

12. Combattre Satan par la foi :

« *Prenez par-dessus tout cela le bouclier de la foi, avec lequel vous pourrez éteindre tous les traits enflammés du malin* » (Éphésiens 6 :16).

VIII. LES PERSONNES CELEBRES DE LA FOI

- **Abraham :**

Lorsque Dieu a envoyé Abraham quitter son pays et sa famille, il n'a pas hésité et n'a pas tremblé, mais il a immédiatement accepté avec foi.

- « *L'Eternel dit à Abram : Va-t'en de ton pays, de ta patrie, et de la maison de ton père, dans le pays que je te montrerai. Abram partit, comme l'Eternel le lui avait dit,* » (Genèse 12 : 1, 4)

- « *Et, sans faiblir dans la foi, il ne considéra point que son corps était déjà usé, puisqu'il avait près de cent ans, et que Sara n'était plus en état d'avoir des enfants. Il ne douta point, par incrédulité, au sujet de la promesse de Dieu ; mais il fut fortifié par la foi, donnant gloire à Dieu, et ayant la pleine conviction que ce qu'il promet il peut aussi l'accompli.* » (Romains 4 : 19-21).

- **Job :**

Il reconnaissait et croyait que tout venait de Dieu, même ce qui était considéré comme le pire des êtres humains.

« *Mais Job lui répondit : Tu parles comme une femme insensée. Quoi ! nous recevons de Dieu le bien, et nous ne recevrions pas aussi le mal ! En tout cela Job ne pécha point par ses lèvres.* » (Job 2 :10)

- **Daniel et ses amis :**

Il a refusé d'adorer toute divinité que le roi avait établie, peu importe ce que le roi avait ordonné.

« *Schadrac, Méschac et Abed-Nego répliquèrent au roi Nebucadnetsar : Nous n'avons pas besoin de te répondre là-dessus. Voici, notre Dieu que nous servons peut nous délivrer de la fournaise ardente, et il nous délivrera de ta main, ô roi. Sinon, sache, ô roi, que nous ne servirons pas tes dieux, et que nous n'adorerons pas la statue d'or que tu as élevée.* » (Daniel 3 : 16-18).

- **Capitaine romain:**

Une foi profondément enracinée avec humilité grâce à la connaissance et à la vue de l'œuvre que Jésus a déjà accomplie :

« *Le centenier répondit : Seigneur, je ne suis pas digne que tu entres sous mon toit ; mais dis seulement un mot, et mon serviteur sera guéri.* » (Matthieu 8 : 8)

- **La femme qui a été malade pendant douze ans :**

La foi, fondée sur la conviction et la connaissance de Jésus, lui a donné le courage de venir à Lui :

« *Et voici, une femme atteinte d'une perte de sang depuis douze ans s'approcha par derrière, et toucha le bord de son vêtement. Car elle disait en elle-même : Si je puis seulement toucher son vêtement, je serai guérie. Jésus se retourna, et dit, en la voyant : Prends courage, ma fille, ta foi t'a guérie. Et cette femme fut guérie à l'heure même.* » (Matthieu 9 : 20-22).

- **La femme cananéenne :**

La foi, l'humilité et une profonde confiance dans le fait que le Seigneur peut la sauver des difficultés auxquelles elle est confrontée :

« *Et voici, une femme cananéenne, qui venait de ces contrées, lui cria : Aie pitié de moi, Seigneur, Fils de David ! Ma fille est cruellement tourmentée par le démon. Il ne lui répondit pas un mot, et ses disciples s'approchèrent, et lui dirent avec instance : Renvoie-la, car elle crie derrière nous. Il répondit : Je n'ai été envoyé qu'aux brebis perdues de la maison d'Israël. Mais elle vint se prosterner devant lui, disant : Seigneur, secours-moi ! Il répondit : Il n'est pas bien de prendre le pain des enfants, et de le jeter aux petits chiens. Oui, Seigneur, dit-elle, mais les petits chiens mangent les miettes qui tombent de la table de leurs maîtres. Alors Jésus lui dit : Femme, ta foi est grande ; qu'il te soit fait comme tu veux. Et, à l'heure même, sa fille fut guérie.* » (Matthieu 15 : 22-28).

- **Bartimée l'aveugle :**

C'est le désir qu'il avait depuis très longtemps de pouvoir voir qui l'a poussé à crier vers Jésus lorsqu'il a entendu qu'il passait par là :

« *Il entendit que c'était Jésus de Nazareth, et il se mit à crier ; Fils de David, Jésus aie pitié de moi - Jésus, prenant la parole, lui dit : Que veux-tu que je te fasse ? Rabbouni, lui répondit l'aveugle, que je recouvre la vue. Et Jésus lui dit : Va, ta foi t'a sauvé. Aussitôt il recouvra la vue, et suivit Jésus dans le chemin.* » (Marc 10 :47, 51-52)

- **Paul :**

L'ancien persécuteur qui a rencontré Jésus personnellement, a été informé de sa mission, a été pleinement convaincu que Jésus est Seigneur et Dieu, de sorte qu'on ne pouvait plus l'empêcher de prêcher l'Évangile et de proclamer que Jésus est Seigneur, Dieu et Messie :

- « *Et c'est à cause de cela que je souffre ces choses ; mais j'en ai point honte, car je sais en qui j'ai cru, et je suis persuadé qu'il a la puissance de garder mon dépôt jusqu'à ce jour-là.* » (II Timothée 1 :12).

- « *J'ai combattu le bon combat, j'ai achevé la course, j'ai gardé la foi.* » (II Timothée 4 : 7)

IX. L'OEUVRE DE LA FOI

Les personnes qui vivent dans la vraie foi ont un esprit qui y correspond, comme beaucoup ont déjà été mentionné. Faire le bien en fait partie, même si cela peut coûter la vie. L'apôtre Jacques en énumère quelques-uns :

- Abraham :

Lorsque Dieu lui a demandé d'offrir son Fils en sacrifice, il a immédiatement obéi sans la moindre hésitation :

« *Abraham, notre père, ne fut-il pas justifié par les œuvres, lorsqu'il offrit son fils Isaac sur l'autel ?* » (Jacques 2 :21)

- Rahab la prostituée :

« *Rahab la prostituée ne fut-elle pas également justifiée par les œuvres, lorsqu'elle reçut les messagers et qu'elle les fit partir par un autre chemin ?* » (Jacques 2 :25)

C'est un acte d'obéissance à Dieu, que les Écritures appellent : un acte de foi. Celui d'Abraham est d'offrir son fils en sacrifice à Dieu, tandis que celui de Rahab est d'accueillir et de cacher les invités à l'ennemi.

X. COMMENT VIVRE LA FOI ?

Il vous sera probablement plus facile de répondre à cette question. Croire, c'est faire confiance, ne pas douter, même un peu, parce que le Dieu que vous adorez et auquel vous faites confiance est grand, si grand et si puissant que personne ne peut lui résister, et que, quoi qu'il arrive, Il peut vous protéger et vous sauver.

Une bonne connaissance de Dieu et de Jésus augmentera votre confiance en Lui et vous permettra de vivre dans une foi inébranlable.

Nous, les adultes, sommes aux yeux de Dieu comme des bébés aux yeux de leurs parents. Tout ce dont ils ont besoin, ils le demandent sans hésitation, sans peur et sans timidité. Ils croient que nous, les parents, prenons toujours soin d'eux. Il en va de même pour notre vie avec Dieu, car il est notre Père, le Père aimant, qui sait tout de nous, bien au-delà de ce que nous connaissons de nous-mêmes.

Tenez ferme dans la foi et faites toutes choses avec une entière confiance, car tout ce qui ne vient pas de la foi est péché. (Romains 14 : 23b)

ENCOURAGEMENT

« *Ne vous inquiétez de rien ; mais en toute chose faites connaître vos besoins à Dieu par des prières et des supplications, avec des actions de grâces.* » (Philippiens 4 : 6).

5ème Partie

Comment
AVOIR UNE
REPONSE A LA PRIERE
?

INTRODUCTION :

Le christianisme est différent de toute autre religion parce qu'il adore le Dieu vivant, c'est-à-dire un Dieu à qui l'on peut parler et qui parle sans cesse à ceux qui croient en lui.

Voici l'histoire d'un jeune homme nommé Fred : c'est un homme difficile et têtu, mais il est également très fier de lui. C'est pourquoi il est aussi très méprisant à l'égard des gens. Un jour, il a été confronté à un grave problème et a failli sombrer dans la dépression. C'est alors qu'il s'est souvenu de prier Dieu et l'a supplié de le sauver. Il entra dans sa chambre tranquille et pria Dieu avec les larmes aux yeux. Dès qu'il a terminé sa prière, il s'est senti complètement léger dans son cœur, il a ressenti de la joie et de la paix.

Dès lors, il a su que Dieu écoutait la prière et il a immédiatement décidé de consacrer sa vie à Jésus. Cette décision l'a libéré de toutes ses mauvaises habitudes. Il a conclu sa prière en disant : "Je sais maintenant que Dieu est amour, qu'il pardonne et qu'il donne la paix à tous ceux qui le cherchent vraiment. "Après cela, Fred n'a pas cessé de lire les Saintes Écritures et de prier. C'est devenu sa vie, ce qu'il n'avait jamais fait auparavant, et il a vraiment ressenti le bonheur et la paix.

I. QU'EST-CE QUE LA PRIÈRE ?

La lecture de l'histoire de Fred a probablement déjà apporté une réponse à cette question. Il a parlé à Dieu, lui révélant tout ce qu'il avait dans le cœur et qui lui pesait. Lorsque Dieu lui a répondu, il a décidé de lui parler tous les jours, en lisant sa Parole et en priant. La prière est donc une relation avec Dieu dans tous les aspects de la vie, quoi qu'il arrive.

II. QUELLES SONT LES RAISONS DE PRIER ?

1. Action de grâce à Dieu :

Les Écritures nous enseignent, à nous croyants, de remercier Dieu pour tout, quoi qu'il arrive. Il est écrit : « *Rendez grâces en toutes choses, car c'est à votre égard la volonté de Dieu en Jésus-Christ.* » (I Thessaloniciens 5 :18).

David a écrit le Psaumes : « *Je bénirai l'Eternel en tout temps ; Sa louange sera toujours dans ma bouche.* » (Psaumes 34 : 1) parce qu'il a senti que Dieu dirigeait constamment sa vie. Et c'est David qui a aussi rendu grâce à Dieu en présence de tout Israël lorsque les ustensiles du temple ont été rassemblés et qui a dit : « *Béni sois-tu, d'éternité en éternité, Éternel, Dieu de notre père Israël.* » (I Chroniques 29 :10).

2. Louange à Dieu :

Beaucoup de psalmistes ont exprimé cette louange à Dieu. L'un d'eux est le Psaumes 150, qui incite tout le monde à louer Dieu de toutes les manières. Et même Jésus loua Dieu dans sa prière, disant : « *Je te loue, Père, Seigneur du ciel et de la terre, de ce que tu as caché ces choses aux sages et aux intelligents, et de ce que tu les as révélées aux enfants.* » (Matthieu 11:25)

3. Plainte à Dieu :

Jésus-Christ, le Fils de Dieu, était l'un de ceux qui l'ont supplié d'enlever la coupe d'amertume qu'on lui avait dit de boire, et il a prié : « *Mon Père, s'il est possible, que cette coupe s'éloigne de moi ! Toutefois, non pas ce que je veux, mais ce que tu veux.* » (Matthieu 26 :39)

4. Prière à Dieu :

Seul Jésus-Christ adresse ici une demande à son Père :

- « *C'est pour eux que je prie. Je ne prie pas pour le monde, mais pour ceux que tu m'as donnés, parce qu'ils sont à toi.* » (Jean 17 : 9)

- « *Je ne te prie pas de les ôter du monde, mais de les préserver du mal.* » (Jean 17 :15).

- « *Ce n'est pas pour eux seulement que je prie, mais encore pour ceux qui croiront en moi par leur parole.* » (Jean 17 :20)

Mais nous tous, enfants de Dieu, sommes encouragés à demander tout ce qui nous contraint et nous savons que c'est conforme à la volonté de Dieu. Jésus dit : « *Demandez, et l'on vous donnera ; cherchez, et vous trouverez ; frappez, et l'on vous ouvrira.* » (Matthieu 7 : 7)

Il dit la même chose dans l'Évangile de Jean : « *et tout ce que vous demanderez en mon nom, je le ferai, afin que le Père soit glorifié dans le Fils. Si vous demandez quelque chose en mon nom, je le ferai.* » (Jean 14 : 13-14)

5. Faire confiance à Dieu :

Jésus a encouragé les disciples en leur disant : « *Que votre cœur ne se trouble point. Croyez en Dieu, et croyez en moi. Il y a plusieurs demeures dans la maison de mon Père. Si cela n'était pas, je vous l'aurais dit. Je vais vous préparer une place. Et, lorsque je m'en serai allé, et que je vous aurai préparé une place, je reviendrai, et je vous prendrai avec moi, afin que là où je suis vous y soyez aussi.* » (Jean 14 : 1-3).

Où d'autre peut-on trouver un tel encouragement ? Tout ce qui est demandé aux disciples, c'est de faire confiance à ce que Jésus a dit.

6. Repentir et demander pardon :

Écoutez la prière de Jésus du collecteur d'impôts : « *Le publicain, se tenant à distance, n'osait même pas lever les yeux au ciel ; mais il se frappait la poitrine, en disant : O Dieu, sois apaisé envers moi, qui suis un pécheur.* » (Luc 18 :13)

Et Jésus a poursuivi en disant : « *Je vous le dis, celui-ci descendit dans sa maison justifié, plutôt que l'autre.* » (14a)

Celui qui se repent vraiment reçoit toujours le pardon.

7. Prière pour les autres :

Jésus a enseigné aux gens quelque chose de très inhabituel au sujet de la prière. Il enseigna alors au peuple : « *Mais moi, je vous dis : Aimez vos ennemis, bénissez ceux qui vous maudissent, faites du bien à ceux qui vous haïssent, et priez pour ceux qui vous maltraitent et qui vous persécutent.* » (Matthieu 5 : 44). C'est ce que tous les croyants en Dieu sont appelés à faire.

L'apôtre Paul a demandé des prières spéciales à ses collègues : « *Frères, priez pour nous* » (I Thessaloniciens 5 :25) - et pas seulement pour lui mais pour tout le monde. « *J'exhorte donc, avant toutes choses, à faire des prières, des supplications, des requêtes, des actions de grâces, pour tous les hommes, pour les rois et pour tous ceux qui sont élevés en dignité, afin que nous menions une vie paisible et tranquille, en toute piété et honnêteté.* » (I Timothée 2 : 1-2).

8. Gloire à Dieu :

Beaucoup de psalmistes ont loué Dieu pour sa grandeur, sa puissance, sa grâce, sa majesté et plus encore. Le Psaumes 136 en est un exemple.

III. A QUI PRIER ?

A Dieu le Père :

Jésus a dit : « *En vérité, en vérité, je vous le dis, ce que vous demanderez au Père, il vous le donnera en mon nom.* » (Jean 16 : 23b).

Par Jésus :

« *Je rends d'abord grâces à mon Dieu par Jésus-Christ, au sujet de vous tous, de ce que votre foi est renommée dans le monde entier.* » (Romains 1 : 8).

Au nom de Jésus :

L'apôtre Paul a dit : « *rendez continuellement grâces pour toutes choses à Dieu le Père, au nom de notre Seigneur Jésus-Christ.* » (Éphésiens 5 :20).

Dans le Saint-Esprit :

- « Faites en tout temps par l'Esprit toutes sortes de prières et de supplications. Veillez à cela avec une entière persévérance, et priez pour tous les saints. » (Éphésiens 6 :18).

- « *Pour vous, bien-aimés, vous édifiant vous-mêmes sur votre très sainte foi, et priant par le Saint-Esprit,* » (Jude 20)

IV. QUELLE ATTITUDE ?

1. Croyez :

- Peu importe ce que vous demandez, dit Jésus, croyez que vous l'avez déjà reçu. « *C'est pourquoi je vous dis : Tout ce que vous demanderez en priant, croyez que vous l'avez reçu, et vous le verrez s'accomplir.* » (Marc 11 :24)

- L'apôtre Jacques a également dit : « *Mais qu'il la demande avec foi, sans douter ; car celui qui doute est semblable au flot de la mer, agité par le vent et poussé de côté et d'autre.* » (Jacques 1 : 6).

2. Soyez humbles :

Dieu parla à Salomon en disant : « *si mon peuple sur qui est invoqué mon nom s'humilie, prie, et cherche ma face, et s'il se détourne de ses mauvaises voies, je l'exaucerai des cieux, je lui pardonnerai son péché, et je guérirai son pays.* » (II Chroniques 7:14)

L'humilité est une attitude essentielle pour servir Dieu. Jésus a clairement dit : « Car quiconque s'élève sera abaissé, et celui qui s'abaisse sera élevé. » (Luc 18 : 14b).

3. Priez de tout votre cœur :

- « *Vous me chercherez, et vous me trouverez, si vous me cherchez de tout votre cœur.* » (Jérémie 29 :13)

- « *C'est de là aussi que tu chercheras l'Eternel, ton Dieu, et que tu le trouveras, si tu le cherches de tout ton cœur et de toute ton âme.* » (Deutéronome 4 :29)

4. Pas seulement par nécessité :

Il est clair que si une personne demande quelque chose pour le dépenser uniquement pour les convoitises ne recevra jamais de réponse à ses prières car cela ne serait jamais en harmonie avec la volonté de Dieu. C'est ce que dit l'Apôtre Jacques : « *Vous demandez, et vous ne recevez pas, parce que vous demandez mal, dans le but de satisfaire vos passions.* » (Jacques 4 : 3).

5. Sans doute ni hésitation :

Le doute signifie l'incrédulité, alors comment une personne qui ne croit pas peut-elle obtenir une réponse à ses prières ? Jésus a dit à ses disciples :

- « *Jésus leur répondit : Je vous le dis en vérité, si vous aviez de la foi et que vous ne doutiez point, non seulement vous feriez ce qui a été fait à ce figuier, mais quand vous diriez à cette montagne : Ote-toi de là et jette-toi dans la mer, cela se ferait.* » (Matthieu 21 :21).

- « *Mais qu'il la demande avec foi, sans douter.* » (Jacques 1 : 6a)

6. **Savoir pardonner :**

« *Si vous pardonnez aux hommes leurs offenses, votre Père céleste vous pardonnera aussi ; mais si vous ne pardonnez pas aux hommes, votre Père ne vous pardonnera pas non plus vos offenses.* » (Matthieu 6 : 14-15).

7. **En toute confiance :**

- Notre foi en Dieu nous donnera le courage de nous approcher de lui. C'est ce que dit l'apôtre Paul : « *en qui nous avons, par la foi en lui, la liberté de nous approcher de Dieu avec confiance.* » (Éphésiens 3 :12).

- « *Bien-aimés, si notre cœur ne nous condamne pas, nous avons de l'assurance devant Dieu.* » (I Jean 3 :21).

8. **Priez sans cesse :**

Jésus a dit à ses disciples : « *il faut toujours prier, et ne point se relâcher.* » (Luc 18 : 1).

9. **Priez sincèrement :**

Jésus réprimanda les pharisiens et les scribes de l'époque pour leur attitude de prière, en disant : « *Lorsque vous priez, ne soyez pas comme les hypocrites, qui aiment à prier debout dans les synagogues et aux coins des rues, pour être vus des hommes. Je vous le dis en vérité, ils reçoivent leur récompense.* » (Matthieu 6 : 5) – « *qui dévorent les maisons des veuves, et qui font pour l'apparence de longues prières. Ils seront jugés plus sévèrement.* » (Marc 12 :40).

10. **En harmonie avec la volonté de Dieu :**

- Jésus a prié : « *Il s'éloigna une seconde fois, et pria ainsi : Mon Père, s'il n'est pas possible que cette coupe s'éloigne sans que je la boive, que ta volonté soit faite !*» (Matthieu 26 :42).

- « *Nous avons auprès de lui cette assurance, que si nous demandons quelque chose selon sa volonté, il nous écoute.* » (I Jean 5 :14).

11. **En obéissant à ses commandements :**

« *Quoi que ce soit que nous demandions, nous le recevons de lui, parce que nous gardons ses commandements et que nous faisons ce qui lui est agréable.* » (I Jean 3 :22).

V. DIEU REPOND-IL AUX PRIÈRES ?

A. Les réponses miraculeuses aux prières des serviteurs de Dieu :

1- Abraham cherche une femme pour son fils Isaac : (Genèse 24)
2- Moïse bat les Amalécites : « Lorsque Moïse élevait sa main, Israël était le plus fort ; et lorsqu'il baissait sa main, Amalec était le plus fort. » (Exode 17 :11).

3- Gédéon bat Madian : (Juges 6 : 36-40)
4- Samson et sa puissance : (Juges 16 : 28-30)
5- La femme stérile accoucha : (I Samuel 1 : 10-20)
6- Elie ressuscite d'entre les morts le fils de la veuve : (I Rois 17 : 19-24)
7- Elie demande le feu de Dieu : (I Rois 18 :33-39)
8- Elie et la pluie : Il n'a pas plu pendant trois ans et six mois à cause de ses prières. (1 Rois 17 : 1 - Jacques 5 : 17-18)
9- Elisée ressuscite l'enfant d'entre les morts : (II Rois 4 :32-35)
10- Ézéchias était malade et mourant mais est revenu à la vie : (II Rois 20 : 1-7- Isaïe 38 : 1-6)
11- Daniel dans la fosse aux lions : (Daniel 6 :22-23)
12- Le criminel crucifié avec Jésus : (Luc 23 :42-43)
13- Les premiers chrétiens priaient pour Pierre : (Actes 12 :3-11)
14- Paul et Silas en prison : (Actes 16 : 25-26)
15- Toi aussi : N'as-tu pas reçu une réponse miraculeuse de Dieu ? Remercie-le et loue-le pour cela !

B. Espoir d'une réponse à la prière de Dieu :

- David a une fois prié : « *Eternel, prête l'oreille à ma prière, Sois attentif à la voix de mes supplications ! Je t'invoque au jour de ma détresse, Car tu m'exauces.* » (Psaumes 86 : 6-7).

- Jésus a dit : « *Demandez, et l'on vous donnera ; Car quiconque demande reçoit.* » (Matthieu 7 : 7a -8a)

- « *Et si nous savons qu'il nous écoute, quelque chose que nous demandions, nous savons que nous possédons la chose que nous lui avons demandée.* » (I Jean 5 :15).

C. L'apparition de la réponse à la prière :

1. Immédiatement :

- « *Pardonne l'iniquité de ce peuple, selon la grandeur de ta miséricorde, comme tu as pardonné à ce peuple depuis l'Egypte jusqu'ici. Et l'Eternel dit : Je pardonne, comme tu l'as demandé.* » (Nombres 14 : 19-20).

- « *Et il s'étendit trois fois sur l'enfant, invoqua l'Eternel, et dit : Eternel, mon Dieu, je t'en prie, que l'âme de cet enfant revienne au dedans de lui ! L'Eternel écouta la voix d'Elie, et l'âme de l'enfant revint au dedans de lui, et il fut rendu à la vie.* » (I Rois 17 : 21-22).

- « *Jésus lui répondit : Je te le dis en vérité, aujourd'hui tu seras avec moi dans le paradis.* » (Luc 23 :43).

2. **<u>Un peu plus tard :</u>**

Jésus a parlé du juge injuste qui n'a pas répondu immédiatement à la demande de la veuve, mais qui, en y réfléchissant, lui a rendu justice. (Luc 18 : 1-5)

3. **<u>Plus que ce qui a été demandé :</u>**

Élie demande à Dieu que le feu consume l'holocauste, mais non seulement l'holocauste est consumé, mais le bois, les pierres, la poussière et même l'eau dans la tranchée sont tous desséchés. (I Rois 18 : 36-38)

4. **<u>Ne correspond pas à ce qui a été demandé :</u>**

Quand Elie était découragé et fatigué, il a demandé à Dieu de le laisser mourir, mais Dieu n'a pas accepté. (I Rois 19 : 4).

5. **<u>Ne peut pas :</u>**

L'apôtre Paul a demandé trois fois au Seigneur de retirer l'épine de sa chair, mais Dieu ne l'a pas accepté. Il a dit : « *Ma grâce te suffit, car ma puissance s'accomplit dans la faiblesse.* » (II Corinthiens 12 :9a)

D. Comportement lors de la prière :

1. **<u>Debout :</u>**

Salomon pria : « *Salomon se plaça devant l'autel de l'Eternel, en face de toute l'assemblée d'Israël. Il étendit ses mains vers le ciel.* » (I Rois 8 :22).

2. **<u>Assis :</u>**

Le roi David dit : « *Et le roi David alla se présenter devant l'Eternel, et dit : Qui suis-je, Eternel Dieu, et quelle est ma maison, pour que tu m'aies fait parvenir où je suis ?* » (I Chroniques 17 :16)

3. **<u>S'agenouiller :</u>**

- « *Quand Daniel apprit que ce décret avait été signé, il entra dans sa maison ; les fenêtres de sa chambre haute étant ouvertes en direction de Jérusalem, trois fois par jour, il se mettait à genoux pour prier et louer son Dieu. Il continua à le faire comme auparavant.* » (Daniel 6 :11)

- « *Après avoir ainsi parlé, Paul se mit à genoux et pria avec eux.* » (Actes 20 :36)

4. **<u>Se prosterner :</u>**

- Moïse : « *Aussitôt Moïse s'inclina à terre et se prosterna.* » (Exode 34 : 8)

- Jésus : « *Puis il fit quelques pas, se laissa tomber la face contre terre, et pria ainsi : O Père, si tu le veux, écarte de moi cette coupe ! Toutefois, que les choses se passent, non pas comme moi je le veux, mais comme toi tu le veux.* » (Matthieu 26 :39)

5. **S'allonger sur le sol :**

David : « *David pria dieu pour l'enfant, et jeûna ; et quand il rentra, il passa la nuit couché par terre.* » (II Samuel 12 :16).

6. **Lever la main :**

- « *Ecoute la voix de mes supplications, quand je crie à toi, Quand j'élève mes mains vers ton sanctuaire.* » (Psaumes 28 : 2).

- « *Je veux donc que les hommes prient en tout lieu, en élevant des mains pures, sans colère ni mauvaises pensées.* » (I Timothée 2 : 8).

Ainsi, il y a de nombreuses façons de prier Dieu. L'important, c'est l'état d'esprit et non l'apparence extérieure, mais ce qui est dans le cœur vous pousse aussi à agir.

E. Qui prie ensemble ?

1. **Seul :**

Anne : « *Et, l'amertume dans l'âme, elle pria l'Eternel et versa des pleurs.* » (I Samuel 1 :10)

2. **Deux ou trois :**

« *Je vous dis encore que, si deux d'entre vous s'accordent sur la terre pour demander une chose quelconque, elle leur sera accordée par mon Père qui est dans les cieux. Car là où deux ou trois sont assemblés en mon nom, je suis au milieu d'eux.* » (Matthieu 18 : 19-20).

3. **Dans l'église :**

« *Je te louerai dans la grande assemblée, Je te célébrerai au milieu d'un peuple nombreux.* » (Psaumes 35 :18)

4. **Plusieurs personnes :**

« *Quand ils eurent prié, le lieu où ils étaient assemblés trembla ; ils furent tous remplis du Saint-Esprit, et ils annonçaient la parole de Dieu avec assurance.* » (Actes 4 :31).

F. A quelle heure prier ?

1. **Matin :**

- « *Eternel ! Le matin tu entends ma voix ; Le matin je me tourne vers toi, et je regarde* » (Psaumes 5 : 3)

- « *Vers le matin, pendant qu'il faisait encore très sombre, il se leva, et sortit pour aller dans un lieu désert, où il pria.* » (Marc 1 :35).

2. **Soir :**

« *Le soir, le matin, et à midi, je soupire et je gémis, Et il entendra ma voix.* » (Psaumes 55 :17)

3. **Midi : (Psaumes 55 :17)**

4. **Un temps fixe :**

Daniel : « *et trois fois le jour il se mettait à genoux, il priait, et il louait son Dieu, comme il le faisait auparavant.* » (Daniel 6 : 11b)

5. **En tout temps :**

- « *Jésus leur adressa une parabole, pour montrer qu'il faut toujours prier, et ne point se relâcher.* » (Luc 18 : 1).

- « *Priez sans cesse.* » (I Thessaloniciens 5 :17)

G. Où puis-je prier ?

1. **Dans votre chambre au calme :**

« *Mais quand tu pries, entre dans ta chambre, ferme ta porte, et prie ton Père qui est là dans le lieu secret ; et ton Père, qui voit dans le secret, te le rendra.* » (Matthieu 6 : 6).

2. **Au lit :**

« *Lorsque je suis couché, mes pensées vont vers toi, je médite sur toi tout au long de la nuit.* » (Psaumes 63 : 6)

3. **Partout :**

« *Car là où deux ou trois sont assemblés en mon nom, je suis au milieu d'eux.* » (Matthieu 18 :20)

VI. COMMENT LES PRIÈRES SONT-ELLES EXAUCÉES ?

Voici quelques-unes des attitudes que Dieu nous demande pour que nos prières soient exaucées et pour qu'Il entende nos prières :

1. **Se détourner du péché :**

Dieu ne peut jamais écouter une personne qui vit dans le péché. C'est pourquoi il a dit : « *Ce sont vos fautes qui vous séparent de votre Dieu. C'est à cause de vos péchés qu'il s'est détourné loin de vous pour ne plus vous entendre.* » (Isaïe 59 : 2).

2. **Prier selon la volonté de Dieu :**

« *Vous devriez dire, au contraire : Si Dieu le veut, nous vivrons, et nous ferons ceci ou cela.* » (Jacques 4 :15).

3. **Accepter et croire au plan de Dieu :**

« *Je reste muet, je n'ouvre pas la bouche, Car c'est toi qui agis.* » (Psaumes 39 : 9)

4. **Bonne relation avec Dieu :**

« *Attache-toi donc à Dieu, Et tu auras la paix ; Tu jouiras ainsi du bonheur.* » (Job 22 :21)

CONCLUSION :

Les personnes qui acceptent et croient en Dieu ont de nombreux et grands avantages, le reçoivent comme Père, le Père aimant et miséricordieux, qui écoute les prières qui lui sont adressées à tout moment et en tout lieu.

Mais il veut que nous nous consacrions entièrement à Lui pour pouvoir communiquer régulièrement avec Lui. C'est ce qu'il a déclaré : « *Recherchez la paix avec tous, et la sanctification, sans laquelle personne ne verra le Seigneur.* » (Hébreux 12 :14).

« *Conserve-toi pur* » (I Timothée 5 :22b) car Dieu se réjouit constamment de te rencontrer et à répondre à tes besoins.

6ème Partie

COMMENT VIVRE EN PAIX MALGRÉ LES DIFFICULTÉS DE LA VIE ?

INTRODUCTION

Tout le monde s'accorde à dire que l'être humain est clairement divisé en deux parties : la partie tangible qui peut être vue par les yeux, le corps, et la partie invisible, qui est l'âme et l'esprit, et tout ce qui en découle : les sentiments, les intentions, les choix.

Ces deux éléments chez l'homme peuvent ressentir la paix, mais ils peuvent également traverser des difficultés et même souffrir. Ils sont conscients de ce qui se passe. Ils travaillent aussi ensemble à certains moments, surtout lorsqu'il y a des difficultés, pour les empêcher de se produire. Les deux parties n'ont qu'un seul objectif : la paix !

Cependant, il n'y a qu'un seul chef et c'est l'esprit qui assume la responsabilité de guider les actions humaines. L'esprit examine, pense et décide. Il y a des gens qui ne recherchent que la paix du corps et c'est la chose la plus importante pour eux. Quand on y pense, beaucoup de gens sont enclins à cela. Mais il y a aussi la recherche de la paix de l'âme et de l'esprit.

Mais il est probable que la majorité des gens partagent l'idée qu'être en sécurité, avoir une vie en paix, une vie loin du chaos et de la guerre, leur apporte la paix, surtout s'ils sont impliqués dans différentes relations : entre pays, entre voisins ou même entre membres d'une même famille.

Mais les gens continuent également à rechercher la paix pour eux-mêmes et pensent qu'ils peuvent l'obtenir en rassemblant tout ce dont ils ont besoin pour la vie quotidienne : l'argent et d'autres biens. Pourtant, de nombreuses personnes, surtout dans les pays développés, ont plus qu'il n'en faut, mais ressentent-elles vraiment la paix ?

Qu'est-ce que la paix ? Que devons-nous faire pour l'atteindre et où trouver le chemin ?

I. QU'EST-CE QUE LA PAIX ?

1. Ce qui s'est passé en Eden au début

Toute chose a sa propre histoire, qu'elle soit animée ou inanimée. Il y a eu un commencement pour croire qu'il doit aussi y avoir une fin. De tout ce qui est écrit sur le début de cette vie et de toute la nature, ce que dit la Bible est le plus important. Dieu a créé toutes les choses et y a placé l'homme pour qu'il vive en paix. Personne ne lui faisait de mal, personne ne le dérangeait, son esprit était calme, son corps était normal. La paix régnait dans ce jardin d'Eden parce que la relation entre l'homme et Dieu qui l'a créé était encore paisible. Cette bonne connexion entre le Dieu créateur et l'homme créé est la clé de la paix humaine.

Cependant, cette relation semble être de courte durée, lorsque l'homme n'a pas suivi les dispositions de Dieu. Depuis qu'il a désobéi à la parole de Dieu, le chaos et la confusion sont entrés dans la vie de l'humanité. Il s'est éloigné de Dieu et a suivi sa propre voie, selon ses propres désirs et persuasions. Ce mode de vie se poursuit encore aujourd'hui. La paix qu'il a connue au début lui a déjà échappé.

2. Ce que les gens pensent aujourd'hui

Lorsque la relation entre Dieu et l'homme a été rompue à la suite de la désobéissance de l'homme à la volonté de Dieu, la paix l'a quitté. Et Dieu lui-même a décrété que l'homme mangerait difficilement, à la sueur de son front, et que c'est dans la douleur qu'il mettrait au monde ses enfants. Depuis, les hommes font ce qu'ils pensent pour trouver la paix.

- Paix extérieure

Ce qui sera utile et bon, et ce qu'ils pensent satisfaire leur corps, leur chair, voilà ce que les gens recherchent vraiment. Tout d'abord, avoir de l'argent et différents biens : cela s'appelle : la richesse, c'est la richesse sur terre. Il n'y a pas que quelques personnes qui recherchent ces choses, qui les recherchent vraiment et qui en font une priorité dans la vie. La question est la suivante : les gens sont-ils vraiment en paix lorsqu'ils sont riches ? Pour la plupart des personnes qui répondent à cette question, la réponse immédiate est oui, parce que les choses que l'on peut sentir avec les mains sont très importantes pour tout le monde. Les gens ne sont pas censés voir ou sentir ce qu'ils ne voient pas avec leurs yeux ; ils ne connaissent que ce qui apparaît à l'extérieur. C'est pourquoi l'argent et la richesse ne sont qu'une paix extérieure.

- Paix

Outre l'argent et la richesse, les gens pensent que la paix ou la véritable paix signifiera également l'absence de conflits et de problèmes dans leurs communautés, ou dans les relations régionales, ethniques et nationales. C'est une vie en sécurité. Cependant, la vie des gens est toujours menacée par des désaccords et malentendus, ne serait-ce qu'en raison d'opinions différentes.

- Plaisirs sensuels

Cet aspect domine également le cœur et l'esprit de nombreuses personnes lorsqu'elles recherchent la paix. Ils disent même que la vraie paix est la capacité de vivre et de nager dans les plaisirs sensuels : boire, manger, divertissements divers, et surtout les plaisirs sensuels en compagnie d'hommes et de femmes.

Telles sont les formes et les méthodes que les gens pensent leur apporter la paix. En bref, il s'agit d'une paix liée au matériel, qui n'apporte de satisfaction qu'au corps.

II. DEUX POINTS DE VUE DIFFÉRENTES

Il n'y a que deux points de vue dans le monde, et les êtres humains sont divisés en deux groupes, des groupes non seulement différents mais complètement opposés. Mais avant d'être divisés en deux groupes, tous les êtres humains sont égaux.

- Nature pécheresse

Dieu n'a jamais créé l'humanité pour qu'elle soit pécheresse, mais une nation qui a la même image que Lui, c'est-à-dire la même nature que Dieu. Mais à cause de la désobéissance, cette nature humaine semblable à celle de Dieu a complètement changé. Elle est devenue de la même nature que l'ennemi de Dieu, celui qui s'oppose à Lui. Et tous ses descendants l'ont imité. Le crime, l'adultère, le meurtre, la violence sous toutes ses formes et la corruption, la haine sont devenus la nature de l'être humain et font de lui ce qu'il est. C'est la nature commune de tous les êtres humains dès qu'ils quittent le ventre de leur mère. Personne ne peut y échapper.

- Un cœur plein de mal

Dieu lui-même a réalisé ce mal humain et a dit que toute pensée qui vient du cœur de l'homme est mauvaise toute la journée (Gen.6.5), c'est-à-dire que ce n'est pas un mal partiel ou qui ne complète pas la vie d'une personne mais qui le submerge réellement. Beaucoup plus tard, les penseurs chrétiens ont déclaré que l'humanité est vraiment pourrie par le péché. De la tête aux pieds et à l'intérieur.

Les Saintes Écritures disent que le cœur est le centre de tous ces maux et ils apparaissent à l'extérieur comme le meurtre, l'adultère, le vol, les fausses accusations, le blasphème. (Mat.15.18)

- Grandir dans le mal

Ce n'est pas seulement que les êtres humains ont le mal, mais ils grandissent en lui, tout comme ils grandissent en eux-mêmes, ainsi grandira-t-il en eux. C'est pourquoi l'apôtre Paul a fait une déclaration : « *Dans les derniers jours, il y aura des temps difficiles. Car les hommes seront égoïstes, amis de l'argent, fanfarons, hautains, blasphémateurs, rebelles à leurs parents, ingrats, irréligieux, insensibles, déloyaux, calomniateurs, intempérants, cruels, ennemis des gens de bien, traîtres, emportés, enflés d'orgueil, aimant le plaisir plus que Dieu.* » (II Tim. 3.1-4)

En bref, ce sont tous des états mentaux et émotionnels.

- Source du mal

La base du mal de l'humanité est la désobéissance à ce que Dieu leur a dit lorsqu'il n'y avait que deux personnes sur la terre. Mais lorsqu'ils se sont multipliés et sont devenus plus nombreux, les deux premières attitudes que Paul a décrites sont devenues la base de l'apparition du mal humain, à savoir l'égoïsme et la cupidité. Celles-ci lient l'esprit et le cœur de tous les êtres humains et il leur est très difficile de les éviter. Ils sont à la base des conflits et des disputes qui existent dans le monde entier et qui peuvent même conduire à s'entretuer.

On peut dire qu'il s'agit là du cœur de la nature pécheresse de l'homme, mais même lorsqu'il est encore un enfant, l'égoïsme est déjà perceptible dans ses actions et ses pensées et il se développe rapidement en lui au fur et à mesure qu'il grandit physiquement.

III. LA SOURCE DE LA VRAIE PAIX

1. Tournant du changement : se repentir

L'étape la plus importante, et sans doute la première, pour permettre à un être humain de changer sa nature est de réaliser et d'accepter qu'il est pécheur. Comment une personne peut-elle consulter un médecin alors qu'elle ne se sent pas malade ou qu'elle n'a pas de maladie ?

La repentance exige une attitude, une humeur et un esprit très forts pour accepter et admettre que l'on est une personne mauvaise et indigne. Elle est combattue par la nature de la personne qui est déjà pleine de péché et qui s'y oppose de toutes ses forces. En cette époque où nous vivons, ce mot est ce que le diable essaie de cacher, de calomnier ou même de se moquer. Il dit aux gens qu'il ne devrait pas faire ça parce que l'homme ne mérite pas de se repentir et que c'est méprisant et moqueur.

Mais il faut se rappeler que cette parole a été prononcée par les tout premiers serviteurs de Dieu qui ont commencé à prêcher l'Evangile, y compris Jésus-Christ. Jean-Baptiste a dit : « *Repentez-vous, car le royaume des cieux est proche* » (Mat.3.2). Cette même phrase, pas différente, a été dite par Jésus-Christ dans Matthieu 4.17. Encore l'apôtre Pierre dit : « *Repentez-vous, et que chacun de vous soit baptisé au nom de Jésus-Christ, pour le pardon de vos péchés ; et vous recevrez le don du Saint-Esprit.* » (Actes 2.38) Et l'Apôtre Paul a annoncé : « *annonçant aux Juifs et aux Grecs la repentance envers Dieu et la foi en notre Seigneur Jésus-Christ.* » (Actes 20.21)

Cela montre que la repentance est la première porte pour entrer dans le royaume de la paix, qui est la vie avec Jésus-Christ. Si vous n'avez pas décidé de vous engager, vous resterez toujours à l'extérieure et c'est pourquoi Jésus-Christ a dit à un jeune homme : « *Tu n'es pas loin du royaume de Dieu.* » (Marc 12.34), cela dit qu'il n'est pas encore inclus mais qu'il s'en rapproche juste. Mais il est triste de constater qu'il y a encore beaucoup de gens qui sont loin du royaume de Dieu. Dieu veut tous nous amener à la repentance, c'est pourquoi il a dit par l'intermédiaire de Pierre : « *Le Seigneur ne tarde pas dans l'accomplissement de la promesse, comme quelques-uns le croient ; mais il use de patience envers vous, ne voulant pas qu'aucun périsse, mais voulant que tous arrivent à la repentance.* » (II Pierre 3.9)

2. Changer de nature

La personne qui est passée par la repentance admet humblement qu'elle est un pécheur indigne, reçoit le pardon de Dieu et est complètement purifiée de sa nature pécheresse en tant que personne pure, le péché ne régnera plus en elle. Sa transformation en une nouvelle nature commence là.

Après s'être repentie, elle croit en Jésus-Christ, c'est-à-dire qu'elle accepte que Jésus-Christ soit désormais maître de toute sa vie. Jésus-Christ est son soutien et, en plus, Dieu lui donne le Saint-Esprit pour qu'elle vive en Lui. C'est la marque, le sceau qui déclare qu'elle est désormais un enfant de Dieu. Elle sera aussi appelée une nouvelle personne, elle a changé complètement de nature, de sorte que la personne a vécu dans le péché, est devenue une nouvelle personne qui vit avec Jésus-Christ, guidée par le Saint-Esprit. (Romains 8.14). Les choses anciennes sont passées, maintenant elles sont nouvelles (II Cor 5.17). Elle vivait dans tous les maux de la chair humaine : « *l'impudicité, l'impureté, la dissolution, l'idolâtrie, la magie, les inimitiés, les querelles, les jalousies, les animosités, les disputes, les divisions, les sectes, l'envie, l'ivrognerie, les excès de table, et les choses semblables. Je vous dis d'avance, comme je l'ai déjà dit, que ceux qui commettent de telles choses n'hériteront point le royaume de Dieu.* » (Gal.5.19-21), mais quand elle a changé sa nature ayant le Saint-Esprit habite en : « *l'amour, la joie, la paix, la patience, la bonté, la bénignité, la fidélité, la douceur, la tempérance ; la loi n'est pas contre ces choses.* » (Gal.5.22-23)

Une personne ne peut jamais ressentir cette vie dans une nouvelle nature si elle n'a pas décidé de passer par ce processus.

3. Vos souhaits personnels

Cependant, quel que soit l'enseignement, le sermon ou la motivation pour amener les gens à la repentance, ils n'y viendront pas s'ils n'ont pas le désir profond d'aller dans cette direction. Dieu a donné le libre arbitre à tous les hommes. Dieu a placé devant les gens le chemin de la vie et le chemin de la destruction, c'est à eux de choisir ce qui les convainc. (Deut. 30.15, 19)

Mais la Sainte Écriture déclare clairement : « *Bien des hommes pensent être sur le bon chemin, et pourtant, ils se trouvent sur une voie qui, finalement, mène à la mort.* » (Proverbes 14.12 - 16.25).

Les gens sont très heureux de prendre des décisions en fonction de leurs convictions personnelles et de ce qu'ils pensent être juste. Mais ce qui ne vient pas à l'esprit des gens, c'est la vérité : notre connaissance humaine est totalement limitée. Nous ne pouvons savoir que ce que nous sommes censés savoir, nous ne pouvons faire que ce que nous pouvons et nous ne pouvons pas empêcher ce qui doit arriver. Nous ne faisons que suivre la réalité et l'harmonie de la nature.

Il n'y a rien que nous puissions toucher ou réparer, comme le lever et le coucher du soleil, l'apparition de la lune et des étoiles, la naissance et la mort des gens. Personne n'a le pouvoir de faire tout cela, même s'il essaie de le comprendre et de l'expliquer.

Mais pour ce qui est de se repentir ou non, il est totalement libre. Ses désirs et ses décisions détermineront son avenir.

4. Un cadeau de Jésus-Christ

Quand Jésus-Christ était encore sur la terre, il a dit à ses disciples qu'il leur donnerait la paix, sa paix (Jean 14.27). Dieu sait, Jésus-Christ sait, que les gens ont besoin de cette paix et c'est même ce qu'Il recherche chaque jour pour eux. Il est dit à ce propos : « Car je connais les projets que j'ai formés sur vous, dit l'Eternel, projets de paix et non de malheur, afin de vous donner un avenir et de l'espérance. » (Jér. 29.11).

Les parents sont toujours à la recherche de ce qu'ils pensent être bon pour leurs enfants, mais ils ne peuvent pas vraiment en être sûrs et, parfois, leurs enfants n'acceptent pas ce qu'ils pensent devoir être le leur. Les humains ne sont pas censés savoir ce qui se cache dans le cœur et l'esprit des gens. C'est pourquoi les parents peuvent se tromper en pensant que ce qu'ils veulent sera bon pour leurs enfants. Mais il n'en est pas ainsi avec Dieu, car Il connaît même les choses les plus petites et les plus cachées de l'être humain. (Jérémie 17.10).

IV. QUELLE EST LA BASE DE LA PAIX ?

La paix que les humains recherchent est basée sur les choses de la terre, elles peuvent être cassées, perdues, volées, ... mais la paix en Dieu est un trésor dans les cieux. Et Dieu a construit tous ces trésors en son fils Jésus-Christ car il a créé l'univers et il lui appartient. (Rom.11.36).

Jésus-Christ est le roi de la paix qui a été mentionné depuis l'époque du prophète Isaïe (Isa.9.6) et a été poursuivi par les apôtres plus tard qui ont interagi directement avec lui qu'il est la porte de la paix (Actes 10.36) et qu'il ne reste pas seulement une porte mais qu'il nous conduit sur le chemin de la paix. (Luc.1.79). Et lorsque nous demeurons en lui, il nous donne la paix et nous en revêt (I Cor.1.3).

Mais le plus important, c'est que Jésus-Christ nous a réconciliés avec Dieu le Père en mourant sur la croix. (Col.1.20)

La base de la paix n'est donc pas quelque chose qui peut être ressenti ou fait par des mains humaines, mais un don de Dieu qu'il a établi et placé en son fils Jésus-Christ, et l'union avec lui est le seul moyen pour nous d'avoir la paix.

V. L'ESPRIT MAUVAIS N'AURA PAS LA PAIX

Si l'on compte les personnes qui vivent déjà avec Dieu et celles qui n'y sont pas encore, ces dernières sont très nombreuses. Et c'est le plus triste car les Saintes Ecritures disent clairement qu'ils n'auront jamais la paix, (Esaïe 48.22) et qu'ils ne connaîtront jamais le chemin de la paix.

Tant que les gens vivent dans la chair, ils ne comprendront jamais les pensées de Dieu car les pensées des gens en tant qu'êtres humains de chair et de sang, pécheurs, sont la mort éternelle, mais les pensées de l'Esprit sont la paix. (Rom.8.6) parce que la chair s'oppose toujours à ce qui appartient à Dieu et refuse d'accepter la voie de Dieu et ne le sait même pas (Rom.8.7).

Par conséquent, les gens ne seront jamais en paix tant qu'ils resteront dans la chair. Mais ceux qui vivent déjà avec l'Esprit connaissent la vie et vivent en paix.

CONCLUSION

Il y a beaucoup de choses qui peuvent arriver dans la vie qui interfèrent avec l'atteinte de la paix, l'apôtre Paul énumère parmi eux la souffrance, la pauvreté, la persécution, la famine, la lutte, le danger, l'épée, les problèmes qui peuvent nous affecter, qui alourdissent l'esprit et plient notre âme, c'est-à-dire qu'ils touchent toute la personne et peuvent même avoir des conséquences sur la vie, mais il est étonnant que l'apôtre Paul dise : « *Tout cela ne nous séparera pas de l'amour du Christ* » - Et bien plus que cela, bien plus que le vainqueur qui surmonte toutes ces difficultés (Rom.8.35-37).

Comment cette victoire peut-elle être obtenue ? Jésus-Christ l'a déjà annoncée et confirmée en disant : « *Je vous ai dit ces choses, afin que vous ayez la paix en moi. Vous aurez des tribulations dans le monde ; mais prenez courage, j'ai vaincu le monde.* » (Jean 16.33). Ainsi, ceux qui sont avec Jésus-Christ gagnent comme lui.

L'apôtre Paul dit hardiment qu'il peut tout affronter parce qu'il a Jésus-Christ pour le fortifier. (Phil. 4.13)

Nous sommes tous encouragés : « *Ne vous inquiétez de rien ; mais en toute chose faites connaître vos besoins à Dieu par des prières et des supplications, avec des actions de grâces.* » (Phil. 4.6).

7ème Partie

Comment
AVOIR L'ASSURANCE DU SALUT
?

INTRODUCTION :

Certaines personnes, même chrétiennes, disent qu'il est impossible de se vanter du salut. Il ne nous appartient pas, en tant qu'humains, de savoir si nous serons sauvés ou non. J'ai entendu des gens dire quelque chose comme ça pendant longtemps et cela m'a amené personnellement à me demander si cette affirmation est vraie ou non. Alors la question m'est venue à l'esprit : si le salut n'est pas certain, alors ce que dit la Bible n'est pas certain non plus?

Il y a aussi ceux qui disent que tout le monde est sauvé parce que Jésus est mort sur la croix pour sauver tout le monde.

J'ai examiné ces deux affirmations, ce qui m'a amené à publier cet enseignement fiable des Saintes Écritures. Voici les étapes à suivre pour avoir l'assurance du salut.

1. Votre salut est assuré lorsque vous :

a) Etes repentis :

Lorsque les apôtres ont commencé à prêcher après que Jésus soit monté au ciel, beaucoup de gens ont été émus et ont demandé : Que devons-nous faire ? La réponse de Pierre fut : « *Repentez-vous, et que chacun de vous soit baptisé au nom de Jésus-Christ, pour le pardon de vos péchés ; et vous recevrez le don du Saint-Esprit.* » (Actes 2 :38)

La repentance est la clé pour franchir la première porte de la vie chrétienne. Les personnes qui ne se sont pas repenties n'entreront jamais dans la famille de Dieu car c'est par la repentance que le pardon est reçu et seuls ceux qui sont pardonnés peuvent communiquer et faire face à Dieu.

b) Etes pardonnés :

Les Écritures sont claires et directes sur le pardon qu'une personne reçoit de Dieu lorsqu'elle se repent. Le verset d'Actes 2.38 dit : « *pour que vos péchés vous soient pardonnés.* » L'apôtre Paul a également déclaré : « *Vous qui étiez morts par vos offenses et par l'incirconcision de votre chair, il vous a rendus à la vie avec lui, en nous faisant grâce pour toutes nos offenses.* » (Colossiens 2.13).

Ce pardon est le premier bonheur qu'un chrétien reçoit et éprouve dans sa vie. Tous ceux qui se sont repentis et ont reçu le pardon ont expérimenté la joie et la paix qui découlent du pardon. C'est comme s'ils avaient souffert en prison et avaient été libérés. C'est exactement ce que dit le psalmiste : « *Heureux celui à qui la transgression est remise, A qui le péché est pardonné* » (Psaumes 32.1).

c) Recevez le Saint-Esprit :

Quand une personne repentie est pardonnée, tout son être est complètement purifié, et Dieu lui donne le Saint-Esprit pour habiter et régner dans sa vie, la guider et l'enseigner toutes choses. Jésus dit aux disciples : « *Mais le consolateur, l'Esprit-Saint, que le Père enverra en mon nom, vous enseignera toutes choses, et vous rappellera tout ce que je vous ai dit.* » (Jean 14 :26).

d) Jésus-Christ est aussi en vous :

S'adressant aux disciples, Jésus leur dit : « *En ce jour-là, vous connaîtrez que je suis en mon Père, que vous êtes en moi, et que je suis en vous.* » (Jean 14 :20). Cette relation et cette intimité entre Dieu le Père, le Saint-Esprit et Jésus-Christ règnent et gouvernent la vie de la personne repentie et pardonnée afin qu'elle puisse expérimenter la nouvelle vie de joie et de paix qu'Il a commencée.

e) Dieu garantit que vous avez la vie éternelle :

Le Saint-Esprit, qui habite dans une personne qui s'est repentie et a reçu le pardon, confirme et convainc la personne qu'il est le Fils de Dieu. Il dit : « L'Esprit lui-même rend témoignage à notre esprit que nous sommes enfants de Dieu. » (Romains 8 :16).

Et avoir le Saint-Esprit assurera la vie éternelle. « *Je vous ai écrit ces choses, afin que vous sachiez que vous avez la vie éternelle, vous qui croyez au nom du Fils de Dieu.* » (I Jean 5.13). C'est ce que l'apôtre Jean a dit à ceux qui croient déjà au Fils de Dieu, Jésus-Christ, pour les assurer qu'ils ont la vie éternelle.

2. Vous savez que Dieu vous aime inconditionnellement :

Le fait que le Saint-Esprit demeure en vous après la repentance vous fera ressentir l'amour de Dieu au plus profond de votre âme.

a) Il vous a adopté :

Dans le passé, vous n'aviez aucune garantie de quoi que ce soit dans votre vie. Vous ne réalisiez pas la valeur de la vie, tellement il y avait de soucis et d'angoisses, tant de choses stressantes. Mais lorsque vous recevez le Saint-Esprit, vous sentez et avez confiance que quelqu'un vous aime et garantit votre vie. Ce n'est autre que Dieu et vous ressentez et vivez vraiment cette vérité. Il y a de la paix dans votre vie malgré les diverses difficultés évoquées plus haut. Les Ecritures disent que nous avons été choisis avant la création du monde : « *En lui Dieu nous a élus avant la fondation du monde, pour que nous soyons saints et irrépréhensibles devant lui, nous ayant prédestinés dans son amour à être ses enfants d'adoption par Jésus-Christ, selon le bon plaisir de sa volonté.* » (Éphésiens 1 : 4-5)

b) Vous êtes un enfant de Dieu :

C'est le Saint-Esprit en vous qui vous convainc de cette grande vérité. Vous viviez sans garant, sans personne à qui vous raccrocher, comptant sur vous-même et vos biens, sur ce que vous compreniez et vouliez faire. Mais quand vous recevez le Saint-Esprit, vous êtes convaincu que vous êtes le Fils de Dieu car c'est le Saint-Esprit qui vous en convainc. L'Écriture dit : « *L'Esprit lui-même rend témoignage à notre esprit que nous sommes enfants de Dieu.* » (Romains 8 :16). Une garantie que tous les doutes et incrédulités antérieurs seront dissipés. C'est aussi une garantie que la vie sera paisible et harmonieuse, lui donnant une valeur telle que nous voulons continuer à proclamer cet amour de Dieu aux autres.

3. **Vous avez une nouvelle vie en Jésus-Christ :**

Votre identité même a complètement changé, votre façon de penser, votre façon de travailler, votre façon de vivre, votre façon de parler, tout ce qui vous concerne parce que vous avez déjà un nouvel Esprit en vous. Vous êtes déjà une personne en Christ, et c'est exactement ce que l'apôtre Paul a dit : « *Si quelqu'un est en Christ, il est une nouvelle créature. Les choses anciennes sont passées ; voici, toutes choses sont devenues nouvelles.* » (II Corinthiens 5 :17).

La chose ancienne qui est exprimée ici, c'est le vieux vous, le cent pour cent charnel, celui qui ne pensait qu'aux choses de la terre et de la chair. Mais lorsque vous recevez le Saint-Esprit, vous devenez une nouvelle personne et une nouvelle personne en Christ. Vous n'êtes plus dans la chair mais en Dieu : « *Pour vous, vous ne vivez pas selon la chair, mais selon l'esprit, si du moins l'Esprit de Dieu habite en vous. Si quelqu'un n'a pas l'Esprit de Christ, il ne lui appartient pas.* » (Romains 8 : 9).

4. **Vous pouvez parler à Dieu de tout :**

Le Saint-Esprit qui habite en vous n'est autre que l'Esprit de Dieu. Vous n'avez donc aucune crainte ni hésitation à parler directement à Dieu de tout ce qui se passe dans votre vie. « *Ne vous inquiétez de rien ; mais en toute chose faites connaître vos besoins à Dieu par des prières et des supplications, avec des actions de grâces.* » (Philippiens 4 : 6).

C'est un grand privilège pour tous les enfants de pouvoir parler à leur père quoi qu'il leur arrive. Dieu est bien plus que cela. Dieu prend soin de ses enfants : « *et déchargez-vous sur lui de tous vos soucis, car lui-même prend soin de vous.* » (Ps. 55 :22) (I Pierre 5 :7).

5. **Vous chérissez la Parole de Dieu :**

Vous savez, croyez et acceptez de tout votre cœur que toutes les Écritures contenues dans la Bible sont la Parole de Dieu et que vous aimez et prenez plaisir à les lire. Il vous apporte la vie, rafraîchit votre âme, change votre vie et toute votre vision. Vous prenez l'Écriture comme norme de votre vie parce qu'elle vous enseigne tout, vous convainc, corrige tout ce qui a mal tourné dans votre vie. Comme il est vrai pour vous de dire : « *Toute Ecriture est inspirée de Dieu, et utile pour enseigner, pour convaincre, pour corriger, pour instruire dans la justice.* » (II Timothée 3 :16).

Vous vous sentez comme le psalmiste qui a dit : « *Combien j'aime ta loi ! Elle est tout le jour l'objet de ma méditation. Tes commandements me rendent plus sage que mes ennemis, Car je les ai toujours avec moi, J'ai plus d'intelligence que les vieillards, Car j'observe tes ordonnances.* » (Psaumes 119 : 97,98,100).

6. **Jésus vous accepte comme son ami et vous dira son secret :**

C'est une expression courante pour nous d'être des serviteurs de Dieu et nous le sommes, mais Jésus lui-même a changé notre position lorsqu'il a dit à ses disciples : « *Je ne vous appelle plus serviteurs, parce que le serviteur ne sait pas ce que fait son maître ; mais je vous ai appelés amis, parce que je vous ai fait connaître tout ce que j'ai appris de mon Père.* » (Jean 15 :15)

Jésus lui-même a changé notre position par rapport à lui. Ainsi, notre position précédente de serviteur qui n'a d'autre choix que de suivre les ordres, Il l'a changée en une place très proche de Lui, un ami avec lequel Il peut parler de tout.

7. Vous avez soif de grandir dans la foi :

a) Vous voulez connaître toute la volonté de Dieu :

Dans tout ce que vous faites, vous voulez que ce soit en harmonie avec ce qui plaît à Dieu. Vous voulez être absolument sûr que tout ce que vous faites soit conforme à la volonté de Dieu. Vous ne voulez pas offenser Dieu mais voulez toujours Lui faire plaisir. Le roi David a dit : « *Je veux faire ta volonté, mon Dieu ! Et ta loi est au fond de mon cœur.* » (Psaumes 40.8).

b) Vous voulez obéir à tous les commandements de Dieu :

Vous voulez montrer un grand amour pour Jésus, vous voulez accomplir ce qu'il a dit : « *Si vous m'aimez, gardez mes commandements.* » (Jean 14.15).

Vous ne voulez pas attrister l'Esprit en vous comme il est dit : « *N'attristez pas le Saint-Esprit de Dieu, par lequel vous avez été scellés pour le jour de la rédemption.* » (Éphésiens 4.30).

c) Vouloir être mature dans la foi :

Vous aspirez à grandir rapidement dans la foi en raison du nouveau sentiment en vous et du désir de plaire à Dieu. Tout cela est normal, mais demandez seulement à Dieu de vous donner la sagesse avec Ses conseils. En fait, c'est le but ultime que Dieu veut que chacun de nous atteigne : « *Jusqu'à ce que nous soyons tous parvenus à l'unité de la foi et de la connaissance du Fils de Dieu, à l'état d'homme fait, à la mesure de la stature parfaite de Christ, afin que nous ne soyons plus des enfants, flottants et emportés à tout vent de doctrine, par la tromperie des hommes, par leur ruse dans les moyens de séduction.* » (Éphésiens 4.13-14).

L'apôtre Paul nous a exhortés à être comme Dieu, en disant : « *Devenez donc les imitateurs de Dieu, comme des enfants bien-aimés.* » (Éphésiens 5.1).

Il est juste et convenable que vous vouliez grandir dans la foi et devenir un adulte.

8. Dieu vous aide avec ce désir :

Comme Jésus l'a promis à ses disciples quand il est parti, il leur a dit que le Consolateur viendrait, le Saint-Esprit, et que ce dernier leur enseignerait et leur rappellerait tout ce que Jésus leur avait enseigné. « *Mais le consolateur, l'Esprit-Saint, que le Père enverra en mon nom, vous enseignera toutes choses, et vous rappellera tout ce que je vous ai dit.* » (Jean 14.26).

Comment est le Saint-Esprit ? Paul déclare : « *Car ce n'est pas un esprit de timidité que Dieu nous a donné, mais un esprit de force, d'amour et de sagesse.* » (II Timothée 1 : 7) - Un esprit fort qui nous permet d'essayer de faire face à toutes choses dans la vie, peu importe. C'est pourquoi l'apôtre Paul a hardiment dit : « *Je puis tout par celui qui me fortifie.* » (Philippiens

4.13), la version Martin dit : « *Je puis toutes choses en Christ qui me fortifie.* » comment Dieu prend soin de nous dans tous les aspects de la vie !

9. Vous surmontez la tentation :

Rappelez-vous toujours que plus vous progressez dans la voie de Dieu, plus l'ennemi sera furieux, le diable, et il ne cherchera qu'à vous faire trébucher et tomber. Mais, n'ayez pas peur car plus vous grandissez dans la foi, plus cet ennemi sera effrayé et n'osera plus vous approcher. Dieu lui-même vous protège des tentations qui peuvent vous faire tomber : « *Aucune tentation ne vous est survenue qui n'ait été humaine, et Dieu, qui est fidèle, ne permettra pas que vous soyez tentés au-delà de vos forces ; mais avec la tentation il préparera aussi le moyen d'en sortir, afin que vous puissiez la supporter.* » (I Corinthiens 10 :13) - Nous voyons que même si l'adversaire veut nous arrêter, il ne le peut pas parce que Dieu lui-même l'en empêche. Même le diable est toujours sous le contrôle de Dieu.

10. Vous obtenez le pardon même si vous péchez :

a) Vous ne pouvez pas vous soucier de pécher :

Une personne qui s'est consacrée à Dieu et a été adoptée comme son enfant ne peut jamais commettre de péché, car le Saint-Esprit l'en protège. Elle peut néanmoins tomber dans le péché, mais les Saintes Écritures disent qu'elle ne peut pas pécher. « *Quiconque est né de Dieu ne pratique pas le péché, parce que la semence de Dieu demeure en lui ; et il ne peut pécher, parce qu'il est né de Dieu.* » (I Jean 3 : 9). Un autre verset dit aussi que le mal ne le touche pas, c'est ce que nous avons dit plus tôt, que le mal le craint à cause de l'Esprit puissant qui est en lui : « *Nous savons que quiconque est né de Dieu ne pèche point ; mais celui qui est né de Dieu se garde lui-même, et le malin ne le touche pas.* » (I Jean 5 :18).

b) Demander pardon immédiatement :

Même lorsqu'un enfant de Dieu tombe dans le péché, il en est dégoûté et va vers Dieu pour se repentir, et Dieu lui pardonne. « *Si nous confessons nos péchés, il est fidèle et juste pour nous les pardonner, et pour nous purifier de toute iniquité.* » (I Jean 1 : 9).

c) Nous avons un avocat :

La chose la plus merveilleuse est de dire que même si nous tombons dans le péché, nous avons un avocat, Jésus-Christ : « *Mes petits enfants, je vous écris ces choses, afin que vous ne péchiez point. Et si quelqu'un a péché, nous avons un avocat auprès du Père, Jésus-Christ le juste.* » (I Jean 2 : 1).

Dieu notre Père, connaît tout de nous en détail, comprend qui nous sommes et nous dirige en conséquence. Dieu est bienveillant, miséricordieux et indulgent. Dieu est amour !

11. Vous avez hâte de louer Dieu avec les chrétiens :

Être avec tous les chrétiens qui louent et glorifient Dieu est quelque chose de très précieux qui vous rend heureux. C'est votre moment préféré. Chaque mot qui sort de votre bouche est une célébration de Dieu. Tout ce à quoi vous pensez, vous voulez le faire pour Dieu.

Ce que disent les Saintes Écritures sont un principe pour votre vie : « *N'abandonnons pas notre assemblée, comme c'est la coutume de quelques-uns ; mais exhortons-nous réciproquement, et cela d'autant plus que vous voyez s'approcher le jour.* » (Hébreux 10 :25) Cela vous conviendrait encore mieux s'il y avait d'autres moments pour prier ensemble et étudier les Écritures. Vous voulez à la fois continuer à apprendre et partager ce que vous avez déjà.

12. <u>Vous voulez partager avec les gens les bienfaits que vous avez reçus de Dieu :</u>

Tout comme une personne qui a reçu de bonnes choses dans sa vie et qui veut l'annoncer à ses amis proches et à sa famille, votre désir de parler de la grâce et de la bénédiction de Dieu à tout le monde, en particulier à la famille de la foi, est bien plus que cela. Rien n'est plus important pour vous que ce que Dieu a fait pour vous dans votre propre vie. Et vous n'en avez pas honte : « *Car je n'ai point honte de l'Evangile : c'est une puissance de Dieu pour le salut de quiconque croit, du Juif premièrement, puis du Grec.* » (Romains 1 :16).

La certitude et la connaissance de Dieu qui grandissent en vous vous donnent la force de le servir et de le faire connaître aux autres. Alors, vous osez dire comme l'apôtre Paul : « *Et c'est à cause de cela que je souffre ces choses ; mais j'en ai point honte, car je sais en qui j'ai cru, et je suis persuadé qu'il a la puissance de garder mon dépôt jusqu'à ce jour-là.* » (II Timothée 1 :12)

13. <u>Vous pouvez mémoriser de nombreux versets de l'Écriture :</u>

Grâce à votre amour de la lecture et de l'étude des Écritures, vous pourrez mémoriser de nombreuses Écritures et passages qui décrivent la vie de personnes qui ont servi Dieu dans le passé. Toutes les Paroles de Dieu que vous connaissez est à la fois une nourriture nourrissante et une arme puissante contre l'ennemi et toute tentation qui se présente à vous. Donc, vous vous sentez en bonne santé et vous vous sentez en sécurité. Les serviteurs de Dieu d'autrefois ressentaient la même chose lorsqu'ils disaient : « *Mon fils, sois attentif à mes paroles, Prête l'oreille à mes discours. Car c'est la vie pour ceux qui les trouvent, C'est la santé pour tout leur corps.* » (Proverbes 4 :20, 22).

Le profond désir en vous de connaître et de mémoriser autant de versets de l'Écriture que possible est comme le désir de certaines personnes de connaître différentes chansons. Vous voulez garder précieusement ces Écritures dans votre cœur, et c'est tout à fait conforme à l'enseignement des Saintes Écritures lorsqu'elles disent : « *Que la parole de Christ habite parmi vous abondamment ; instruisez-vous et exhortez-vous les uns les autres en toute sagesse, par des psaumes, par des hymnes, par des cantiques spirituels, chantant à Dieu dans vos cœurs sous l'inspiration de la grâce.* » (Colossiens 3 :16).

14. <u>Quel est votre objectif ultime ?</u>

a) Imiter Dieu :

Vous continuez à grandir dans la connaissance et l'amour de Dieu. Vous voulez vraiment avoir les attributs de Dieu parce qu'Il est votre Père. C'est aussi le désir de l'apôtre Paul que vous y arriviez, parce qu'il y est arrivé et a dit : « *Devenez donc les imitateurs de Dieu, comme des enfants bien-aimés.* » (Éphésiens 5 : 1).

b) Imiter Jésus :

L'apôtre Paul vous encourage encore à cet égard et dit : « *Soyez mes imitateurs, comme je le suis moi-même de Christ.* » (I Corinthiens 11 : 1) - C'est le but ultime de la vie et on pense qu'il est parfaitement possible d'y parvenir parce que l'apôtre Paul, qui est un homme comme nous, a dit qu'il y est parvenu.

CONCLUSION :

En quoi ne pouvez-vous pas être sûr du salut dans cette position ? Vous n'avez aucun doute pour le reste de votre vie car vous êtes toujours proche de Dieu. Être avec Dieu est votre joie, connaître sa volonté est votre vie. Vous grandissez dans la connaissance de Dieu le Père et de Jésus-Christ et êtes toujours prêt à rencontrer le Seigneur, notre Dieu.

« *C'est pourquoi je te traiterai de la même manière, Israël ; Et puisque je te traiterai de la même manière, Prépare-toi à la rencontre de ton Dieu, O Israël.* » (Amos 4 :12).

Que la paix soit avec vous !

yes

I want morebooks!

Buy your books fast and straightforward online - at one of world's fastest growing online book stores! Environmentally sound due to Print-on-Demand technologies.

Buy your books online at
www.morebooks.shop

Achetez vos livres en ligne, vite et bien, sur l'une des librairies en ligne les plus performantes au monde!
En protégeant nos ressources et notre environnement grâce à l'impression à la demande.

La librairie en ligne pour acheter plus vite
www.morebooks.shop

Printed by Books on Demand GmbH, Norderstedt / Germany